Rainer Oestmann

SCHÖN BEIM BUND!

Lustige Geschichten und Karikaturen aus dem Soldatenalltag
- gestern und heute -

...kultig, ironisch...
frech bis bissig...

in.pro MEDIA
individuelle & professionelle Medien

Neumünster, 2001

Zitiervorschlag:
Rainer Oestmann, *Schön beim Bund!* Kultig, ironisch, frech bis bissig...
Lustige Gechichten und Karikaturen aus dem Soldatenalltag - gestern und heute

ISBN 3-00-008259-X

Layout & Text: Rainer Oestmann
Karikaturen: Jost Fohmann
Produktion: Offset-Druck, Die Brücke Neumünster gGmbH
Druck & Bindung: Offset-Druck, Die Brücke Neumünster gGmbH
Träger für gemeindenahe psychosoziale Hilfen

...anstatt eines Vorwortes:

Dank dem Bernhard & Graefe Verlag/ Koblenz, der mir dankenswerter weise gestattete, aus den unvergessenen Werken des Miles Bramarbas einige zeitlose Passagen auszuwählen.

Gleicher **Dank** dem Verlag Braun & Schneider/ München, dessen „Militärische Vier Jahreszeiten“ seit Jahrzehnten ebenso zum „Kultprogramm“ der Bundeswehr gehören.

Dank an Jost Fohmann, ohne dessen zeichnerisches Talent dieses Buch wahrscheinlich nicht zustande gekommen wäre,

Dank an Herrn Simons, der durch seine Sammlung ungewöhnlicher Namen eine zusätzliche Prise Salz zur Suppe beisteuerte,

Dank allen Vorgesetzten, Kameraden, Freunden, die bewusst oder unbewusst durch ihre Verhaltensweisen oder Erzählungen zu dieser Sammlung beigetragen haben,

Dank allen, die sich wiedererkennen und über sich selbst zu lachen in der Lage sind,

Dank allen, die sich (natürlich) nicht wiedererkennen, aber dafür umso lauter über andere lachen können,

Dank allen, die es nicht verstehen - aber wenigstens so tun als ob...

Dank meinem Vater, der mir dieses Feld nicht zutraute (...eine bessere Motivation für Söhne ist kaum vorstellbar!...) und von seiner Meinung allenfalls nach nächtelangen Diskussionen Abstand nehmen wird - wenn überhaupt!

Dank an Vera, die immer wieder eine bewundernswerte Geduld aufbrachte...

„*Humor* verlangt Intelligenz,
die Fähigkeit zur Selbstironie,
Einfühlungsvermögen und manchmal
auch ein wenig Mut.

Humorlosigkeit ist Indiz einer
bedauernswerten Mangelerscheinung in
all diesen Bereichen!“

Der Autor

...und nun zum Inhalt:

Kapitel 1

Unverkennbare Parallelen...

Düster blickt der Herr Major,
murmelnd: *„Was kann ich davor?“* –
Geht's indessen später gut,
wird ihm wieder wohl zu Mut,
spricht dann in und äußerlich:
Sehr zufrieden: *„Das war Ich!”* –

Jetzt wird auch der Oberst klein,
denn ein Höh'rer stellt sich ein:
dieser Höh're wie bekannt,
wird Herr **General** genannt;

Aus dem Halse hängt zum Lohn,
ihm die zweite Klasse schon.
Alles, was er sagt, ist Gold,
dem man stummes Staunen zollt:
„Dort der dritte Mann ist vor!” –
Jeder spitzt gespannt das Ohr:
„Und der zweite ist zurück!” –
Welch' ein wunderbarer Blick!
„Dieser Rock scheint mir zu weit,
und zu kurz des Beines Kleid!” –
Ist es möglich, daß ein Mann
so viel Weisheit bergen kann?!
Hinter ihm der Adjutant
Schreibt es auf mit kund'ger Hand...
...

Und so geht es weiter fort,
man verschlingt ein jedes Wort,
ob gelobt wird, ob vermuckt,
keines Hauptmanns Wimper zuckt,
Leut'nants nur, verbrecherisch,
finden manches lächerlich.

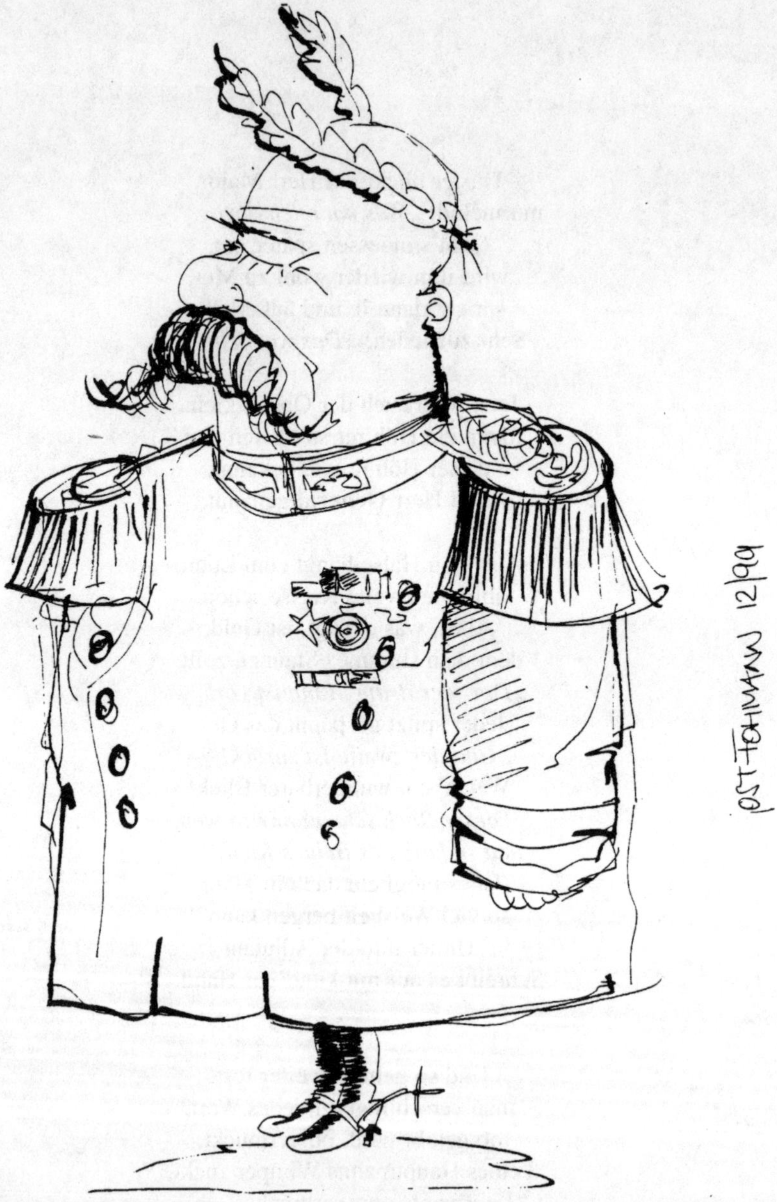

„Dieser Höh're wie bekannt, wird Herr General genannt … alles was er sagt, ist Gold, dem man stummes Staunen zollt…"

Der Sommer
oder
„Einsatzvorbereitung vom Feinsten“[1]

Die Infanterie…

…Es wird nun reglementär
exerziert erst hin und her.
Ist das fertig, dann erscheint
aber der markierte Feind,
macht sich ohne Hinterlist,
so, daß er gut sichtbar ist,
bleibt, wo er zumeist zu seh'n,
freundlichst, wie 'ne Scheibe steh'n.

Und wird durch der Taktik Macht
nur mit „Hurrah“ fortgebracht.
Gott sei Dank, daß er nicht schießt
und auch sonst so harmlos ist, –
denn sonst wären beim „Hurrah“
schwerlich noch viel Kehlen da: –
Doch so ist blessiert allein
nur manch' weißes Hauptmannsbein. –
Siegreich wird als Schlußmoment
defiliert im Regiment!…

Die Artillerie…

…Treffen ist kein Kinderspiel,
dennoch trifft man nicht nur heut'
das, was sichtbar meilenweit;
nein, auch das, was ganz versteckt,
ruiniert man indirekt…
Schließlich wird noch massakriert,
das, was gar nicht existiert!

1 Frei nach „Die militärischen vier Jahreszeiten“ Verlag Braun & Schneider, München

Die Pioniere…

Pionier zur Sommerszeit
hat gar große Wirksamkeit …
Erst zeigt er als Infant'rist, –
daß auch er ein Kriegsmann ist. –
Wühlt d'rauf in der Erde Schoß,
bauet Brücken, klein und groß.
Sprengt, daß alles nur so pufft,
seinen Trichter in die Luft. –

Der Herbst
oder
„Gefecht der verbundenen Waffen"[1]

... Doch der tapf're Kriegerstand
wird auch jetzt nicht ausgespannt,
denn es fängt ja just alsdann
immer das Manöver an. —
Kein Stratege sinnt und denkt
jetzt, wie dies und jenes hängt,
denn sie haben alle nun —
etwas Wicht'geres zu tun. —
Generalstab kriegt vorher
schon Ideen inhaltsschwer:
Nordwärts zieht ein Korps heran,
auch aus Süden ruckt ein's an:
Nordkorps kommt zumeist aus West,
Südkorps östlich fühlen läßt
Also, daß man sich zum Schluß
irgendwo begegnen muß...

...

Sich zu sichern, werden jetzt
erst Vorposten ausgesetzt.
Kunstgerecht versteh'n dies die
Herren von der Infant'rie;
Kavall'rist und Artill'rist
darin nicht solch' Meister ist,
doch er greift dafür auch dann
Nächtlings keinen meuchlings an.
...

1 Frei nach „Die militärischen vier Jahreszeiten" Verlag Braun & Schneider, München

„Der Generalstab kriegt vorher schon Ideen inhaltsschwer…"

An des Bockes Brücke hier
lauert schon der Pionier
und versichert jedermann,
daß man dreist d'rauftreten kann;
doch der größte Teil vom Korps
zieht die alte Brücke vor.

…

Auch jagt schon die Reiterei
beiderseits zum Kampf herbei,
Denn die Reiter hassen sich
beim Manöver fürchterlich. –
„*Bumm!*" Schallt es jetzt kurz herab,
denn die Munition ist knapp;
bald darauf hinwiederum
macht es auch beim Feinde: „*Bumm!*" –
Wen man totschießt, deuten dann
immer bunte Flaggen an;…

… Dieser hält das Dort besetzt,
Jener geht zum Angriff jetzt, –
doch hübsch ordentlich und leis',
Laufschritt nur ganz ausnahmsweis',
niemals durch bebautes Feld,
denn das kostet unnütz Geld;
Und so stürmt man nebenan
dann im Gänsemarsch heran! –

Jetzt entscheidet das Geschick:
„*Der geht vor und Der zurück!*"
Denn die weiße Binde leiht
jedem Spruch Unfehlbarkeit.

…

„…denn die weiße Binde leiht jedem Spruch Unfehlbarkeit!…"

Die Abschlussbesprechung[1]

oder

„Hot Wash Up“

„Sind die Herren sämtlich da?“ –
Alle Führer melden: „Ja!“
Worauf der Gen’ral gelind
erst sich räuspert und beginnt.
Anfangs wird zumeist betont,
daß man mehr die Felder schont:
er hat wiederum geseh’n
Truppen durch die Rüben geh’n.

Namentlich die Kavall’rie,
meint er, – achte darauf nie,
ging selbst durch den Hanf im Trab,
und setzt stets im Kleefeld ab.
Doch in Rage noch viel mehr
kommt bei der „Bagage“ er,
die er heute, zornentbrannt,
mitten auf dem Schlachtfeld fand; –

Ist erst dieses absolviert, –
dann wird taktisch kritisiert;
er gibt zu, daß jedermann
seine Ansicht haben kann,
doch die seinige allein
scheint die richt’ge ihm zu sein.
Mancher, der’s kaum selbst gedacht, –
hört, daß er es recht gemacht, –
und daß sein Entschluß gelang,
und er denkt: *„Na, Gott sei Dank!“*

1 Frei nach „Die militärischen vier Jahreszeiten“ Verlag Braun & Schneider, München

Mancher, der sich gut geglaubt,
wird gar sehr herabgeschraubt; –
kurz, es wird umher im Kreis
diesem wohl und jedem heiß.

Der Gen'ral fährt weiter fort,
spricht noch manches gold'ne Wort.
„Richtig ah!" Er weiß es schon:
*„Weshalb stand das Bataillon
nicht gedeckt im Grunde da?"* –
*„Weil dort Rüben standen! – „Ah!"
„Doch weshalb die Kavall'rie
hinterm Berg nicht hielt heut früh?"*
Das entlockt ihm manches *„Oh!"* –
„Weil dort Rüben standen." – „So!?"
Kurz man treibt auch da und hie
etwas Rübenstrategie. –

…

Kapitel 2

Geschichten von Gestern...

Samogonkin läßt sich von der Bundeswehr nicht bluffen

oder

„Angriff - Mittwochnachmittag!"

Der Qualm von Zigaretten und Pfeifen reicht beim Lenin-Bild schon bis an die ausgeprägten Backenknochen, Marx und Engels waren kaum noch auseinanderzuhalten. Stunden um Stunden hatte sich Jefim Kriminalowitsch Samogonkin, der Erste Sekretär der KPdSU, das Geschwätz dieser „militärischen Fachidioten" geduldig angehört.
Ministerpräsident Raskol Kartotekowitsch Orginstrowsky war längst eingeschlafen, so als interessiert sich dieser triefäugige Schuft[1] für den Angriffstermin überhaupt nicht. Nun griff Samogonkin endlich selbst ein:

„Genossen! Unsere glorreiche Partei wird nicht auf die faulen Tricks dieser Revanchisten hereinfallen! Begreift ihr denn nicht, daß dieses lange Wochenende der Bundeswehr lediglich eine Provokation ist? Wenn wir tatsächlich in der Nacht vom Sonnabend zum Sonntag angreifen, dann sind diese Faschisten doch gewarnt und vorbereitet. Die jahrelangen Pressekampagnen und Erörterungen im Bundestag über die sogenannte „deutsche Soldatenlücke" können doch nur den einen Sinn gehabt haben, uns in die Falle zu locken".
Direkt zu dem schnauzbärtigen Panzerveteran I. S. Zapzarapkow gewandt, fuhr er fort:
„Da jagst du alter Brausekopf dann in dieser Nacht mit deinen Panzerchen los, Josif Schostakokowitsch, und schon bei Castrop-Rauxel hauen dir die lauernden Schotten oder Holländer in deine Kosakenschnauze! Im Süden sieht es nicht viel besser aus. Gerade in dieser Nacht ist immer die ganze amerikanische Militärpolizei hellwach und unterwegs. Ich schlage deshalb vor[2] am Mittwochnachmittag anzugreifen; da befindet sich die Bundeswehr mitten in der Gefechtsausbildung."

1 Zitiert nach Graf Keglewitsch: „Meine Nächte ohne Sematna Hollidejewn Stalin."

2 Nach der Geschäftsordnung des Politbüros der KPdSU etwa gleichbedeutend mit „ich befehle". Der Wortlaut wurde lediglich mit Rücksicht auf die kollektive Führung so gewählt.

„Genial!" jubelte der anwesende Spionagechef Nikifor Mikrofonowitsch Lauschmann. „Sie glauben, sie sind abwehrbereit, aber sie haben entweder keinen Treibstoff oder keine Munition oder keine Ersatzteile oder überhaupt nichts dabei!"
Der alte Panzergeneral murrte, solche Sauereien kämen auch in der Sowjetarmee vor. Hier im Moskauer Wehrbereich stopften sich die Leute bereits zum Frühstück den Wanst mit Kaviar voll. Aber bei seiner eigenen Stoßarmee oben am Kalten Meer gäbe es jahraus, jahrein zum Frühstück Hirsebrei, mittags Weißkohl und abends Kapusta-Suppe. Nur am 1. Mai und am 1. Jahrestag der Oktoberrevolution sei es anders[3].
Im übrigen wolle er die mittlere Stoßrichtung, direkt auf der Autobahn nach Aachen, zugeteilt erhalten.
Schließlich hätte er auch Anspruch darauf, seine nagelneuen T 71 einmal mit Höchstgeschwindigkeit laufen zu lassen.
Die Marschälle Wodkutschenko und Plochomachorsky könnten ja jeden Tag auf den Autobahnen der DDR mit ihren Blechsärgen[4] Wettrennen veranstalten. Nachdem er diese Zusage erhalten hatte, ging er auf den Abort für die 4. Kategorie der Politbüro-Vollmitglieder[5].

(Auszug aus: Miles Bramarbas, Gesammelte Werke,
„Die Armee auf der Erbse"
Bernhard & Graefe Verlag, Koblenz 1985)

3 Dann auch morgens Kohlsuppe.

4 Vermutlich eine Anspielung auf den Panzertyp T 69, der sich im 14. israelisch-arabischen Krieg in der westlichen Sahara nicht bewährt hatte.

5 Die Vorgänge spielten sich noch kurz vor der Einführung der klasssenlosen Gesellschaft in der Sowjetunion ab.

„Soviel, Zeit muss sein…!“

Truppeninformation auf höchster Ebene

„Meinen Herren, JAGGER MICK ist ein Feld-, Wald- und Wiesenmanöver wie gehabt. Der böse Feind greift an, bereitet unserem verehrten Generalinspekteur ein paar herbe Enttäuschungen und beginnt bereits mit der Umerziehung unserer Bevölkerung in seinem Besatzungsgebiet. Das wiederum ergrimmt die NATO.
Das IV. Korps wird um Gegenangriff gebeten, und siehe da: Nach ein paar Tagen ist wieder deutsche Paßkontrolle an unseren Grenzen.
Das sieht fast so aus wie ROLLING STONES oder vorher SPRINGEX. Aber ein paar neue Schleifchen und Bordüren hat sich die Leitung doch einfallen lassen. Den gedachten Verlauf hat mir Adelheid Wasserstein, die Militärkommentatorin der St.-Pauli-Gazette, besorgt. Der Feind ist diesmal völlig anonym, seine Farbe ist nicht mehr ORANGE, sondern LILA. Lediglich Gliederung und Bewaffnung der Sowjetarmee sind rein zufällig geblieben. Dafür kommt er jetzt aus dem Süden. Vielleicht wollten die vorher noch Kränze am Grab von Togliatti niederlegen. Lockert ja auch sehr auf, so mit Panzerkorps über den Großglockner!

...

Mehr als bei früheren Manövern werden Partisanen herumwimmeln. Finstere Gestalten werden ihre Klosettdeckel vergiften, ihnen in den Treibstofftank pinkeln und in ihren Fernsprechleitungen knacken. Ich bitte das zweifache „n" gebührend zu würdigen. Aber auch wir werden – eine Hand wäscht die andere – den altbösen Feind ab österreichischer und eidgenössischer Grenze durch pausenlose Konfrontationen frustrieren. Vorher betrachtet die NATO ihn wohl als Tourismus in der Spätsaison. So werden unsere Schulkinder ihm z.B. die Zunge herausstrecken und unsere Gewerkschaften überhöhte Lohnforderungen an ihn stellen[1].

(Auszug aus: Miles Bramarbas, Gesammelte Werke,
„Die Offensive im Eimer"
Bernhard & Graefe Verlag, Koblenz 1985)

1 Jedoch nur nach Ablauf der tariflichen Friedenspflicht.

...und nun: DAS WETTER !

*„In permanenter Verletzung
der internationalen meteorologischen Abkommen
hat sich über den von der NATO
als Stützpunkt mißbrauchten Azoren
ein barometrisches Hoch gebildet,
in dessen Ergebnis feuchte Luft
von den imperialistischen Staaten Westeuropas
aggressiv gegen das Territorium der
Sowjetunion vordringt."*

(Auszug aus: Miles Bramarbas, Gesammelte Werke,
„Ein Hauch von Truppe"
Bernhard & Graefe Verlag, Koblenz 1985)

Krisenmanagement

Ohne jede Rückfrage in Washington, ob die „Lousy Krauts"[1] nun endlich ihren Devisenausgleich bezahlt hätten, war der Befehlshaber der 17. US-Army in Deutschland mit allem, was er hatte[2], in Stellung gegangen.

Die Engländer hatten, wie erwähnt, ihre Schotten, Iren und Walliser drohend an die Front geworfen und die Franzosen jedem deutschen Verteidigungskreiskommando im Schwarzwald ein Regiment Fremdenlegionäre unterstellt, und zwar mit Dolmetschern, weil es sich zumeist um Norddeutsche handelte.

Die luxemburgische Kriegsmarine war moselabwärts bis Ehrenbreitstein vorgestoßen, und die Holländer hatten, um den Kfz-Verkehr auf deutschen bzw. alliierten Militärstraßen wenigstens etwas zu erleichtern, allen ihren Staatsangehörigen die Ausreise mit Wohnwagen-Anhängern vorübergehend untersagt.

Die Dänen machten zur Stärkung der Manneszucht in der 60. Westdeutschen Panzergrenadierdivision die Porno-Shops an ihrer Südgrenze dicht, und die Norweger gaben dem deutschen Admiral bei AFNORTH spontan die Erlaubnis, auch an Land seine deutsche Uniform zu tragen.

(Auszug aus: Miles Bramarbas, Gesammelte Werke,
„Die Armee auf der Erbse"
Bernhard & Graefe Verlag, Koblenz 1985)

1 Amerikanischer Kosename für die Deutschen.

2 Jede US-Armee verfügt über soviel Feuerkraft, um den Vietnam-Krieg in 36 Stunden siegreich zu beenden, sofern sie nicht vom Kongreß der Vereinigten Staaten daran gehindert wird.

Bonn, Hardthöhe...life

Oberstabsfeldwebel Möggenbrass hatte die Schweinerei schon im tiefsten Frieden kommen sehen.
Deshalb hatte er vorgeschlagen, auf dem Fontainegraben,
der Zufahrt zur Hardthöhe, einen weißen Mittelstreifen pinseln zu lassen, damit wenigstens die, die morgens später kamen, nicht mit denen zusammenstießen, die nachmittags früher nach Hause fuhren.

**Aber der Vorschlag war mit der Begründung abgelehnt worden,
es handele sich immer um dieselben Leute
und sie könnten mit sich selbst gar nicht zusammenstoßen.**

(Auszug aus: Miles Bramarbas, Gesammelte Werke,
„Die Armee auf der Erbse"
Bernhard & Graefe Verlag, Koblenz 1985)

Kapitel 3

Starke Worte
im Wandel der Zeiten...

Allgemeine Militär-Zeitung

Die Neujahrswünsche Friedrich des Großen.

Der große König ermangelte nicht, die Offiziere seiner Armee zum jedesmaligen Jahreswechsel zu beglückwünschen. Diese Gratulationen sind immer kurz, haben aber dann und wann recht pikante Stellen.

Um 2. Januar **1754** lautete der Glückwunsch:
Ihre Majestät der König lassen alle Herren Offiziers viel Glück zum neuen Jahre wünschen und gute Gesundheit.

Am 31. Dezember **1781** aber:
Ihre Majestät der König lassen alle Herren Offiziers zum neuen Jahre gratulieren, und die nicht so sind, wie sie sein sollten, möchten sich bessern.

Und am 2. Januar **1783**:
Ihre Majestät der König lassen allen guten Offiziers vielmals zum neuen Jahre gratulieren und wünschen, daß sich die Übrigen so betragen, daß sie ihnen künftig auch gratulieren könne.

„Der Geschäftsgang der Heeresleitung fängt an, mir zu schleppend und zeitraubend zu werden.
Ich schiebe diese Verzögerung gewiß nicht auf einen Mangel an Fleiß, sondern im Gegenteil auf ein Überhandnehmen bürokratischer Sitten.
Vor allem fürchte ich eine Ressorteitelkeit, die nicht zuläßt, daß mir die neue Form eines Hufnagels vorgeschlagen wird,
ehe nicht T 1, 1, 3, 4, V.A., Wa.A., J.W.G., In 1-7, Rechtsabteilung und Friedenskommission ihr schriftliches Votum abgegeben haben und Meinungsverschiedenheiten durch eine Besprechung der Referenten ausgeglichen sind.
Ich fürchte aber noch mehr, daß über diesen Hufnagel sowohl von seiten der Abteilungen wie der Inspektionen einzeln alle Truppenteile befragt worden sind.
Wenn mir dann der Hufnagel zur Entscheidung mit allseitiger Zustimmung von der allein maßgebenden Veterinärinspektion vorgelegt wird, dann sind entweder inzwischen 100 Pferde unnötig lahm geworden oder es bleibt bei dem alten bewährten Hufnagel und Ministerium und Truppe haben umsonst gearbeitet.
Ich ersuche alle Stellen der Heeresleitung, diesen Hufnagel als Symbol aufzufassen und mir zu helfen, daß uns eine bürokratische Schwerfälligkeit fernbleibt, die sich mit dem Soldatenstand nicht verträgt."

Hans von Seeckt, Generaloberst, Chef der Heeresleitung, Berlin, den 5. Dezember

Während seines Feldzuges gegen die Franzosen auf der Iberischen Halbinsel soll Wellington dem britischen Außenministerium in London geschrieben haben:

„Wir haben unsere Sattel, Zügel, Zelte und Stangen und alle unterschiedlichen Bestände gezählt, für die mir seiner Majestät Regierung die Verantwortung übertragen hat …
Bedauerlicherweise fehlt in der Handkasse eines Infanteriebataillons ein Beleg für die Summe von einem Shilling und Ninepence, und die Anzahl der Töpfe mit Himbeermarmelade, die an ein Kavallerieregiment ausgegeben wurden, hat ein gewaltiges Durcheinander verursacht …
Dies bringt mich auf mein heutiges Anliegen, das in der Bitte um Erläuterungen zu meinen Instruktionen besteht …

Soll ich

a) in Spanien ein Heer unerfahrener britischer Schreiber zur Verstärkung der Londoner Buchhalter und Kopisten ausbilden

oder vielleicht

b) dafür sorgen, daß Napoleons Streitkräfte aus Spanien hinausgeworfen werden?"

„Es ist dem Untertanen untersagt, den Maßstab seiner beschränkten Einsicht an die Handlungen der Obrigkeit anzulegen!“

Kurfürst Friedrich Wilhelm von Brandenburg

Abschrift von Abschrift

Der Reichminister
und Oberbefehlshaber der Wehrmacht
- Nr. 3090 / 35 J (C)

Berlin W 35, den 14. Juni 1935
Tirpitzufer 72-76

An

den Herrn Oberfehlshaber des Heeres
den Herrn Oberfehlshaber der Reichskriegsflotte
den Herrn Oberfehlshaber der Luftwaffe

Mir ist aufgefallen, daß in letzter Zeit das Tragen von Aktentaschen durch Offiziere überhand nimmt.
Dadurch wird der Öffentlichkeit ein unmilitärisches Bild geboten und der Eindruck eines bürokratisierten Offizierkorps gegeben.
Ich weiß, daß sich dies nicht in allen Fällen vermeiden läßt, bitte aber die Herren Oberfehlshaber, darauf hinzuwirken, daß die Mitnahme von Aktentaschen auf dem Wege vom und zum Dienst auf seltene Ausnahmen beschränkt wird und daß die dienstlichen Arbeiten in der Regel in den Diensträumen erledigt werden.

gez. von Blomberg

...und heute !

FüS ███ *Bonn 11. Nov* ███

Az. 10-20-10 /C

Verteiler

Den Entwurf Ihrer Vorlage zeichne ich im Rahmen meiner Zuständigkeit mit.
Zur Sache selbst vermag ich keine Aussagen zu machen, da dies nicht in meine Zuständigkeit fällt.
Sofern eine Arbeitsgruppe gebildet wird, bitte ich mein Referat nicht als Mitglied vorzusehen, da ich dies mangels Zuständigkeit weder für erforderlich noch zweckmäßig halte.
Ich bitte jedoch um weitere Beteiligung am Schriftverkehr!...

Oder:

Dieser Beitrag ist viel zu lang und sprengt den Rahmen!
Aus Zuständigkeit meines Referats sind folgende Punkte zu ergänzen....

Kapitel 4

...bei Geldmangel helfen
nur neue Strukturen oder
Reformen, Reformen,
Reformen...

Wenn alles nichts half, half schon immer eine neue Wehrstruktur !

„Genossen! Die neueste Provokation der westdeutschen Militaristen erfordert eine Revision der Beschlüsse über den Termin und die Hauptstoßrichtung unserer Offensive.
Es handelt sich um die Veränderungen der Wehrstruktur der Bundeswehr.
Sie wird sich raffinierterweise jahrelang hinziehen, so daß wir z.B. in keinem Zeitpunkt genau wissen werden, wer in irgendeinem Bereich noch oder schon, ganz oder teilweise, die Befehlsgewalt ausübt.
Unsere Schwierigkeiten werden dadurch verschärft, daß es auch diese verdammten Deutschen nicht genau wissen werden.
Es kann deshalb jederzeit passieren, daß ein an sich – noch oder schon – unzuständiger General doch für die Bundeswehrverbände zweckmäßige Befehle erteilt, auf die wir dann nicht vorbereitet sind.

Wir benötigen auch Zeit zur Anpassung unserer taktischen Grundsätze an die neuen Gefechtsstärken[1] der Westdeutschen.
So ist z.B. noch unklar, ob ein verdünntes Panzerbataillon nun mehr oder weniger Kettenfahrzeuge als die Panzerkompanie alter Art haben wird.
Es muß ferner noch geprüft werden, wieviele neue Planstellen für höhere Stabsoffiziere und Generale bei diesen Einsparungsmaßnahmen herauskommen.
Unser Risiko besteht darin, daß jetzt doch einmal ein strategisches Talent zufällig nach oben gespült wird und uns nachher unerwartete Schwierigkeiten macht.

Auch unsere Panzerkonzeption muß überdacht werden.
Bisher hätten wir die Masse der Bundeswehrpanzer in der norddeutschen Tiefebene und bei den Panzerregimentern der Korps verschrotten können. Aber jetzt verkleckern diese Teufelsbraten sie wieder über ihr ganzes Gebiet von Flensburg bis Passau. Das Einsammeln kann über eine Woche dauern."

Sarkastisch warf Ministerpräsident Raskol Kartotekowitsch Orginstrowsky ein, die Genossen Marschälle sollten doch mit dem „Einsammeln" von Panzern lieber auf den Golanhöhen und zwischen Suez und Kairo beginnen. Da handele es sich sogar um eigene Typen.

1 Russisch „SPOSSOBNOSTJ" kann im konkreten Fall auch „Schwäche", hier i.S.v. „Gefechtsschwäche", bedeuten.

Aber bevor die Militärs noch aufbrausen konnten, gab Samogonkin durch eine gebieterische Geste Wodkutschenko das Zeichen zum Fortfahren.

„Wir müssen in Zukunft auch mit einem größeren Stehvermögen der feindlichen Truppe rechnen.
Im Ergebnis der Ölkrise sind die Kasernen der Bundeswehr nicht mehr so überheizt. Die Soldaten sind abgehärteter; sie mußten zur Benzineinsparung gelegentlich auch etwas laufen und haben dadurch infanteristisch an Kampfwert gewonnen..."

(Auszug aus: Miles Bramarbas, Gesammelte Werke, „Ein Hauch von Truppe"
Bernhard & Graefe Verlag, Koblenz 1985)

„Der militärische Führer muss immer nach Aushilfen suchen und sie finden."

(HDv 100/100 Kapitel 3 Ziffer 314)

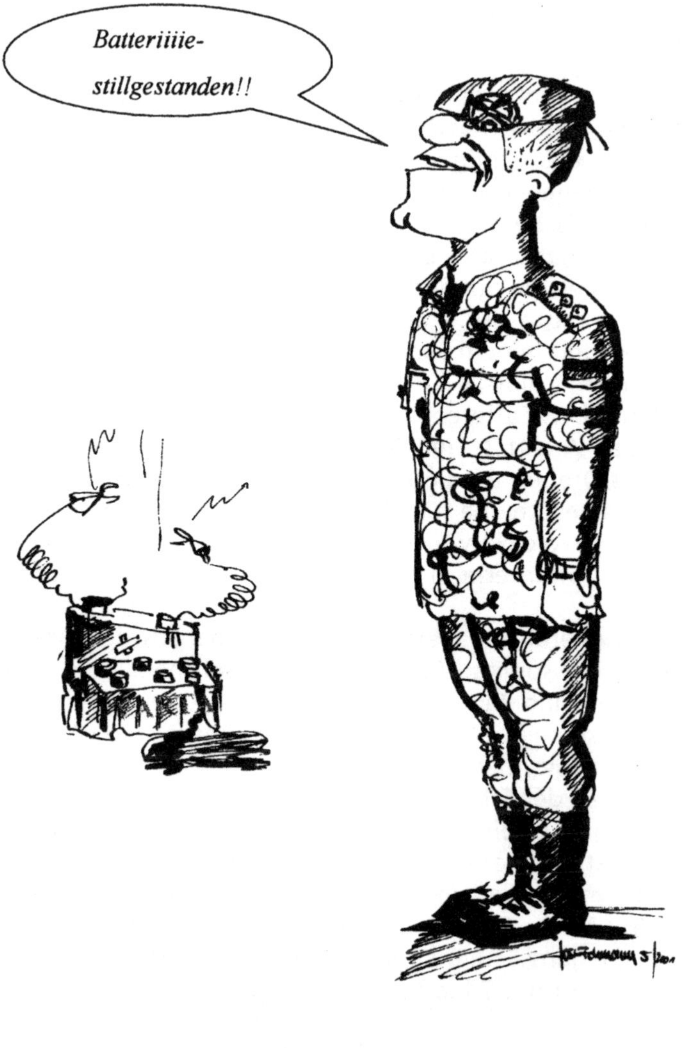

...selbst die Artillerie meistert Strukturprobleme spielend...!!

„Im letzten Jahr standen wir an der Schwelle zum Abgrund...!"

„Also schön, mir hängt es auch zum Halse heraus, daß wir bei jedem Feindangriff erst wieder neu die daran ausgebildete Bedienung mit passender Munition an das richtige Beute-MG stellen müssen. Bei der 1001. Division hatten sie neulich allesamt Ladehemmung, weil irgendein Nachschub-Idiot griechische Schrift auf Munitionskästen nicht von russischer unterscheiden konnte. Mit portugiesisch und spanisch ist es dasselbe Theater. Wie wollen Sie das ändern?"

„Herr General", sagte der grauhaarige Soldat, während er sich eine Zigarette drehte, "mit feinem Sägemehl und altem Getriebeöl lassen sich fast alle ausgeleierten Schlösser für kleinere Patronenhülsen passend machen, genau wie beim Lkw-Differential. Das Kaliber wird unerheblich. Man muß nur den ganzen Ausstoß- und Nachladevorgang während des Schießens durch kräftiges Drehen an dieser Zusatz-Handkurbel unterstützen. Außerdem ist eine Riemenscheibe für Motorenantrieb vorgesehen."

„Den können Sie gleich wieder weglassen, Benzin und Diesel werden Fremdwörter für Infanterie und Grenadier klar? Und die Läufe wollen Sie fest anlöten?"

„Jawoll, Herr General. Was jetzt noch als Ersatz aus den Rekruten-Waldlagern kommt, hat sowieso keinen Laufwechsel mehr gelernt. Außerdem haben die Läufe keine Züge mehr, also weniger Reibung, und werden deshalb nicht mehr so heiß. Wir könnten deshalb überall die Wasserkühlungen und die Mäntel abmontieren.

Notfalls muß eben der Schütze 3 auf den Lauf –."

„Ja, und dann gibt es eine Dampfwolke und jeder Scharfschütze von der anderen Feldpostnummer kann ihn zum Eunuchen machen!"

„Reine Ausbildungssache, Herr General, in meinem Zug kann es jeder im Liegen auf drei Meter Entfernung. Außerdem kann man auch Schrot verschießen und die ganze amerikanische Wild-West-Munition. Wenn man diesen Trichter hier auf das Schloß setzt, kann das Gurten entfallen".

„Na schön, aber daß mir niemand die Richtaufsätze von den schweren MG im Urlaub verhökert! Ich brauche sie jetzt für unsere neuaufgestellte Artillerie-Abteilung mit den Museums-Geschützen. Sind übrigens gar nicht so schlecht, die Dinger. Aus denen kann man auch Schrott, Glasscherben und groben Kies verschießen."

Ein zischendes Geräusch ließ den General und den Oberstabsgefreiten in diesem Augenblick volle Deckung nehmen. Es war ein australischer Kampfsegelflieger und die von ihm ausgeklinkte Mülltonne. Sekunden später klatschte es, und ein schrecklicher Gestank verpestete die Gegend.
„Merken Sie was?", sagte der General, nachdem er sich wieder aufgerichtet hatte, „den Australiern geht es wohl noch schlechter als uns..."

(Auszug aus: Miles Bramarbas, Gesammelte Werke,
„Die Entlausung in Tokio"
Bernhard & Graefe Verlag, Koblenz 1985)

„Notfalls muss eben der Schütze 3 auf den Lauf…"

...und selbst die Luftwaffe kommt zu erstaunlich kreativen Lösungen!...

...das Heer wird derzeit aus Depotbeständen aufgefrischt!...

...auch die Marine hat sich der angespannten Haushaltslage anzupassen!...

...und aus dem Chaos sprach eine Stimme zu mir:

„Lächle und sei froh,

es könnte schlimmer kommen!“

...und ich lächelte und war froh,

und es kam schlimmer...“

...und die Moral von der Geschicht:

Wer den Teich austrocknen will,

darf nicht die Frösche fragen!!

„Neue Zeichen für neue Aufgaben (NZNA)“[1]

Im Rahmen der Streitkräftereduzierung sollen entgegen aller bisherigen Logik und zur allgemeinen Verblüffung der Truppe neben zahlreichen Verbänden und Einheiten auch Aufgaben neu definiert bzw. sogar gestrichen werden.
Dies bleibt nicht ohne Auswirkungen auf die gebräuchlichsten taktischen Zeichen. So wurde im Rahmen KLV (Kosten-Leistungs-Verantwortung) und Controlling festgestellt, dass zur Vermeidung eines erhöhten Änderungsbedarfs in den Vorschriften die taktischen Zeichen – wenn immer möglich – grundsetzlich beibehalten und Aufgabenfelder wie z.B.

- Konsequente Umsetzung der Anzugsordnung
- Fürsorge und Betreuung
- Aufnahme von Frauen im Rahmen der Quotenregelung

durch taktische Zeichen untermauert werden sollten.

Da die neu festgelegten taktischen Zeichen den innerbetrieblichen Ablauf in den Streitkräften innderhalb der nächsten 20 Jahre entscheidend mitgestalten werden und der Entscheidungsprozess damit äußerster Sorgfaltspflicht unterliegt, sind für diese wichtige Prüfphase-ähnlich wie bei der Festlegung zukünftiger Strukturen – 14 Tage vorgesehen.
Da sich der Inspekteur aufgrund der Tragweite der Entscheidungen beim Minister politisch abzusichern gedenkt, wurde die Verlängerung dieser Frist um eine weitere Woche geprüft. Als Ergebnis wurde festgestellt, dass unter Einbeziehung des Postweges von ca. 10 Tagen und einem eingebetteten Wochenende, 2 volle Arbeitstage der Sorgfaltspflicht genüge tun würden.
Die Befragung von Fachleuten ist gewohnheitsgemäß unterblieben, da diese den Entscheidungsprozeß ohnehin nur unnötig verzögern.

Derzeit läuft im Ministerium folgender Rohentwurf durch das „Staffing“[2]:

(ehemals: Sichern, allgemein)
Frisörstube Truppe, allgemein

(ehemals: Sicherung durch Feldposten)
Frisörstube Offiziere/Unteroffiziere (im Grenzalter)

(ehemals: Grundzeichen der Heeresflugabwehrtruppe)
Frisörstube Fallschirmjägertruppe

1 In sinngemäßer Fortsetzung der Struktur „Neues Heer für neue Aufgaben“ (NHNA)

2 Multinationaler Begriff für Stabsarbeit- im Ministerium wegen der ähnlichen Aussprache vielfach fälschlich von „to starve“ (verhungern) abgeleitet…

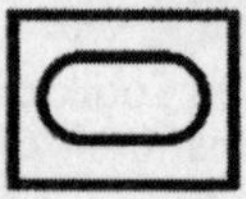

(ehemals: Panzerbataillon)
Kaserne mit Sportplatz

(ehemals: geplanter Einsatz eines Panzerbataillons)
Ehemalige Kasernenanlage,
Sportplatznutzung durch zivile Vereine

(ehemals: Panzerpionierkompanie)
Kaserne mit Sportplatz und Hindernisbahn

(ehemals: Pionierkompanie)
Kaserne mit Hindernisbahn ohne Sportplatz

(ehemals: Panzeraufklärungsbataillon)
Sportplatz vorübergehend gesperrt

(ehemals: Panzergrenadierbataillon)
Sportplatz auf Dauer gesperrt

(ehemals: Jägerbataillon)
Kein Sportplatz vorhanden

(ehemals: Schlauchboot)
Schwimmbecken, aufblasbar, handelsüblich

(ehemals: Schlauchboot mit Außenbordmotor)
*Schwimmbecken aufblasbar, handelsüblich,
mit Wasserfüllung*

(ehemals: Sturmboot)
*Schwimmbecken aufblasbar, handelsüblich,
mit Schwimmer- und Nichtschwimmerbereich*

(ehemals: Motorboot)
*Schwimmbecken aufblasbar, handelsüblich, für männliche
und weibliche Soldaten (mit Sicherheitsabstand)*

(ehemals: Knotenvermittlung)
*Lagerraum für Schwimmbecken
(nach unerwartetem Eintreten der Frostperiode)*

(ehemals: Trichtersperre)
Tanga erlaubt!

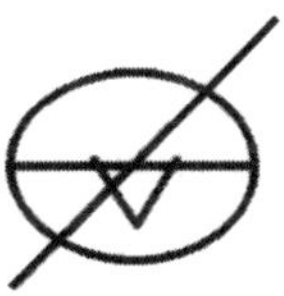

(ehemals: Trichtersperre vorbereitet)
Tanga nur mit Sondergenehmigung!

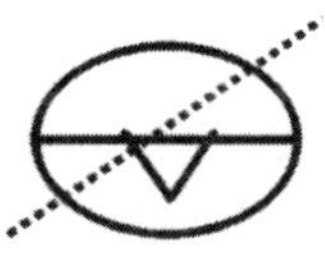

(ehemals: Trichtersperre geplant)
Tangaverbot derzeit in Mitzeichnung durch Personalrat!

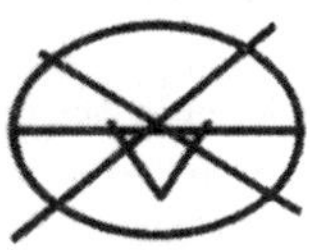

(ehemals: Trichtersperre ausgelöst)
Tanga verboten!

[1] **(ehemals: Luftlandekompanie)**
FKK-Strand (multinational: Topless-Beach)

(ehemals: Luftlandesanitätskompanie)
Nacktbaden nur für weibliches Sanitätspersonal!

[2] **(ehemals: Luftlandeartillerie)**
Achtung – Voyeure!

(ehemals: Sicherungszug einer Luftlandebrigade)
Nacktbaden nur unter Aufsicht von Stabsoffizieren des Brigadestabes und unter Infanterieschutz!
(multinational*: Senior Staff Officers eyes only!*)

1 Gebot gilt gleichermaßen für männliche und weibliche Soldaten. Ein erster Entwurf, der im Sinne der Gleichberechtigung Anleihe aus dem Munitionsbereich nahm, wurde bereits im ersten Mitzeichnungsgang durch die Frauenbeauftragte im Ministerium empört abgelehnt!

2 Der Einspruch der Rohrartillerie wurde mit der Begründung abgelehnt, dass zukünftig lediglich die Artillerie im Besitz geeigneter Beobachtungsmittel wäre und darüber hinaus ohnehin im Interesse der Gesunderhaltung der eigenen Truppe von der Führung des Feuerkampfes abgelenkt werden müsse!

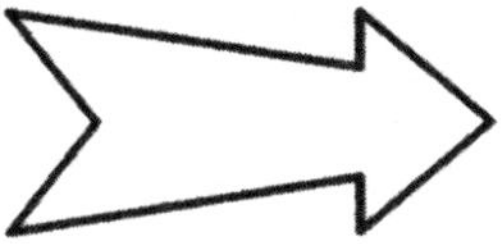

(ehemals: Angriff)
Normales Anbaggern
(Nur Mannschaftsdienstgrade!)

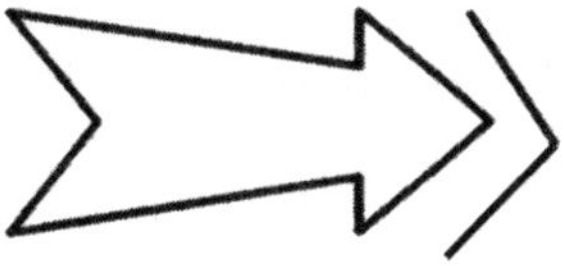

(ehemals: Schwerpunkt des Angriffs)
Massives Anbaggern
(Verheiratete Vorgesetzte ab Dienstgradgruppe A9)

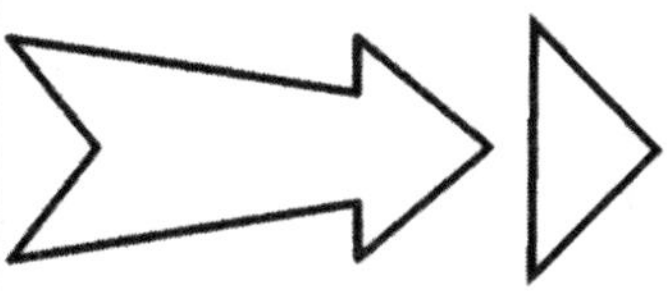

(ehemals: Vorausangriff)
- *Anbaggern mit Hilfe von Untergebenen*
- *Anbaggern mit Hilfe von Kameraden (nur Mannschaften)*

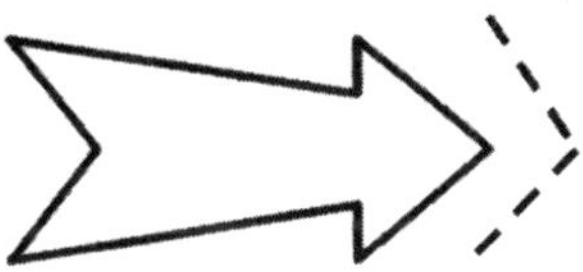

(ehemals: Täuschangriff)
- *Vorgetäuschtes Anbaggern*
- *(alternativ: Doch lieber Golf…?)*

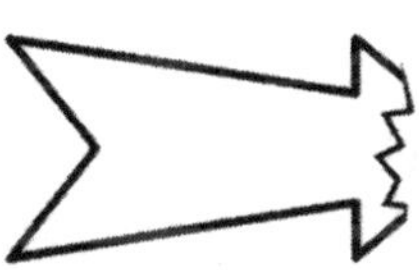

(ehemals: Angriff abgeschlagen)
Abgeblitzt!!!
(Alle Dienstgradgruppen)

(Ehemals: Rad- Kfz, gepanzert)
Feldkino, Nachmittagsvorstellung

(Ehemals: Spähpanzer)
Feldkino, vorübergehend keine Nachmittagsvorstellung

(Ehemals: Luftlandepanzer)
Feldkino, Spätvorstellung,
(Soldaten über 18 auf herausgehobenem Dienstposten)

(Ehemals: ABC-Aufklärungspanzer)
Kurze Pause zwischen zwei Vorstellungen

(Ehemals: Betriebsstofftrupp)
Unterrichtsraum für Politische Bildung

(Ehemals: Verpflegungsgruppe)
Pausenraum (Käsebrötchen im Angebot!)

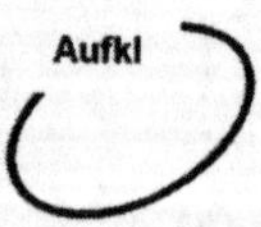

(Ehemals: Aufklärungsraum der Artillerie)
Unterrichtsraum für Sexualkunde

(Ehemals: Schlüsselpunkt/ NATO)
- *Kontakthof*
- *alternativ: gemischtes Refugium*

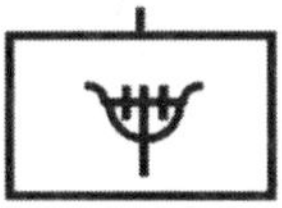

(Ehemals: Heeresmusikkorps)
Gynäkologische Beratungsstelle/Kp-Ebene

(Ehemals: Abholpunkt Munition)
- *Beratungsstelle für Empfängnisverhütung (Männer/stationär)*

(Ehemals: Gefechtsfeldradar auf Rad-Kfz;
- *Beratungsstelle für Empfängnisverhütung (Frauen/geländegängig)*

(Ehemals: Munitionstransportzug im Jägerbataillon
- *Vorübergehend keine Kondome im Bestand! (Gilt nur bis Zugebene!)*

(Ehemals: Truppe Operative Information)
- *Schwangerschaftsberatungsstelle*

(Ehemals: Gebirgsjägertruppe)
- *„Heute keine Sicht auf die Alpen!“*

(Ehemals: Topographietruppe)
- *Kompanie bei der Erntehilfe (hier: Heuernte in Bayern)*

(Ehemals: Heeresfliegerbrigade)
- *„Anzug Brigadeball: Smoking mit Fliege!“*

(Ehemals: Fallschirmjägerbataillon)
• *„Eis essen verboten!"*

(Ehemals: Transportkompanie)
• *Feldkarussell*

(Ehemals: Transportkompanie der Heeresflieger)
• *Feldkarussell, luftverlastbar für Auslandseinsätze*

(Ehemals: Schwertlasttransporter 50 Tonnen/SLT)
• *Krankenkraftwagen für liegenden Transport von Stabsoffizieren im Grenzalter*

(Ehemals: Minenverleger der Pioniertruppe)
• *Bowling-Bahn*

(Ehemals: Feldnachrichtentruppe)
• *„Achtung! – Hier läuft ein Führungsprozess!"*
(Der Kommandeur hat drei Möglichkeiten...

(Ehemals: Fernspähtruppe)
• *Vorschlag des G3 abgelehnt*

(Ehemals: Spezialkräfte)
• *Entscheidung Kommandeur **
(...und wählt die vierte!)

* Letztes Drittel seines Jahrgangs, aktuelles Parteibuch (Entwurf derzeit im Ministerium wegen umfangreicher Betroffenheit nicht mitgezeichnet!)

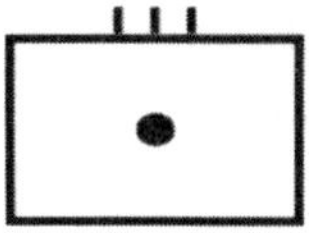

(Ehemals: Artillerieregiment)
- *Feld- Peepshow/Regimentsebene (Alle Dienstgradgruppen!)*

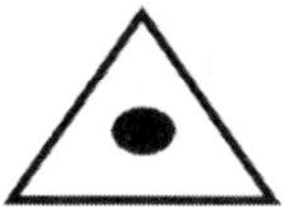

(Ehemals: Vorgeschobener Artilleriebeobachter)
- *Vorgeschobene Feld- Peepshow*

(Ehemals: Artillerie, gemischt Rakete/Kanone)
- *Feld- Peepshow (Nur für Oberfeldwebel!)*

(Ehemals: Heeresflugabwehrregiment)
- *Feld- Peepshow, Doppelkabine mit Witterungsschutz/Regimentsebene*

(Ehemals: Heeresflugabwehr mit Fla-Panzer „ROLAND")
- *Feld- Peepshow für Oberfeldwebel, mit Witterungsschutz*

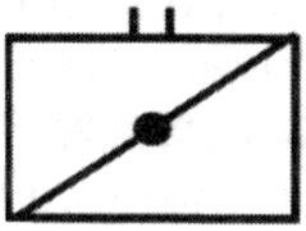

(Ehemals: Beobachtungsbataillon der Artillerie)
- *Feld- Peepshow aus Witterungsgründen vorübergehend geschlossen*

Reformen „von Grund auf"

Im Rahmen der Reform der Streitkräfte „von Grund auf" sind in wenigen Wochen zahlreiche Konzepte entwickelt worden, die entscheidend auf das zukünftige Bild der Streitkräfte einwirken sollen.

Auf der Suche nach neuen Ideen wurde allerdings immer wieder deutlich, dass aus der Tradition gewachsene Verhaltensweisen auch das neue Bild der Streitkräfte mitprägen müssen oder sollten.

Der derzeitig im Mitzeichnungsgang befindliche Entwurf zur **„Imagepflege"** (Anlage 1) baut auf festgewachsenen Traditionen auf und versucht gleichzeitig, Bindeglied zwischen Gegenwart und Zukunft zu sein.
Nach der Implementierung soll er als Anlage in die ZDv „Innere Führung" eingefügt und wichtiger Bestandteil der Leitsätze für militärische Führer werden.

Die mit der Änderung der Beurteilungsbestimmungen erwartete Revolution im Beurteilungswesen zeichnet sich offensichtlich nur durch örtlich begrenzte Konfliktherde aus.
Um auch hier flächendeckender arbeiten zu können und gleichzeitig eine Lücke in der zentralen Dienstvorschrift zu schließen, wurden unter Beteiligung des sozialwissenschaftlichen Instituts, des Zentrums Innere Führung und der Akademie für internationale Kommunikation **Formulierungshilfen** (Anlage 2) entwickelt, die es dem Disziplinarvorgesetzten erleichtern sollen, das individuelle Beurteilungsbild des Delinquenten zu zeichnen.
Die Anlage ist nach Kenntnisnahme durch den Disziplinarvorgesetzten der Beurteilungsvorschrift vorzuheften und wird im Rahmen der aktuellen Überarbeitung schnellstmöglich bis 2007 in den Text integriert.

Der Konzeption der zukunftsorientierten **Ausbildung der Offiziere** (Anlage 3) liegt ein durch Sozialwissenschaftler an der Führungsakademie seit Gründung der Bundeswehr traditionell unverändert vertretenes Modell zugrunde, welches den Offizier vom Ballast der militärischen Ausbildung befreien soll, um ihm so die uneingeschränkte Möglichkeit zur freien Entfaltung seiner Intellektualität und Persönlichkeit zu geben.
Die Vermutung, dass in diesem Zuge auch die Präsenzpflicht während der Dienstzeit bundeswehrweit für Offiziere aufgehoben würde, hat an einigen

Standorten bereits zur spontanen Gründung von Fan-Clubs geführt.

In der Auswertephase sind darüber hinaus noch einige äußerst kritische Erfahrungsberichte von pensionierten Generalen, die am Tage ihres Ausscheidens mit beispielhafter Zivilcourage zur Feder griffen und offensichtliche Missstände gnaden- und selbstlos aufdeckten.

Betr.: Imagepflege

1. Stufeneinteilung und Zielsetzung

1. Stufe: „Vorgesetzte dezent auf sich aufmerksam machen."

2. Stufe: „Sich bei Vorgesetzten nachhaltig in Erinnerung bringen."

3. Stufe: „Vorgesetzten einen tiefen Einblick in die eigene Persönlichkeit verschaffen."

4. Stufe: „Vorgesetzten einen nachhaltigen, beurteilungsfähigen, die gesamte Persönlichkeit umfassenden Eindruck verschaffen."

2. Durchführungsbestimmungen:

- Die Imagepflege gehört zu den Rechten eines jeden Soldaten.
- Sie wird sinnvollerweise nur in Sicht-oder Rufweite von Vorgesetzten betrieben.
- Als günstiger Zeitraum[1] ist das Quartal vor dem Beurteilungstermin (1.und 2.Stufe) oder die Woche vor der schriftlichen Fassung des Entwurfs (3.und 4.Stufe) zu bewerten.

Gelegentliche Anwendung der 1. und 2. Stufe außerhalb dieser Zeiträume kann grundsätzlich nicht schaden, der Aufwand steht nach KLV[2]-Berechnungen jedoch in keinem Verhältnis zum erwarteten Erfolg.
Empfehlenswerter ist die automatische, unaufgeforderte, aber dafür umso spontaner wirkende Darstellung der persönlichen Erfolgsstory nach Entbietung des täglichen Morgengrußes.
Auf eine ständig in der Jackentasche verfügbare

-15-minütige Version (normale Sprechweise / weißes Papier)

oder je nach Laune alternativ

-1-stündige- Version („dick aufgetragen"/ rotes Papier)

in Schriftform, sollte auf keinen Fall verzichtet werden.

1 Ein guter Kontakt zum Vorzimmer (weiblich) sollte dabei durchaus in die Beurteilung der Lage einfließen!

2 Instrument der Streitkräfte zur Steigerung der **K**osten- **L**eistungs- **V**erantwortung der Soldaten (Landserjargon: Knicken - Lochen - Vergessen)

3. Anwendungsbeispiele:

Stufe 1

Auf dem Flur des Hörsaal- oder Stabsgebäudes beim Vorgesetzten einen emsigen Eindruck hinterlassen und Sätze aussprechen, wie:

- *„Herr Oberstleutnant, ich komme wegen dieser Sache später noch zu Ihnen!"*

oder

- *„Herr Oberstleutnant, es ist schon beruhigend, wenn alles klappt und läuft!"*

Stufe 2

Auf dem Flur des Hörsaal- oder Stabsgebäudes mit größeren Aktentaschen[3], Ringordnern und federnden, zielstrebigen Schritten herumlaufen und trotz der unvermeidbaren Schweißtropfen auf der Stirn besonders "cool" erscheinen.

Angebracht sind Sätze wie:

- *„Herr Oberstleutnant, unter Ihnen zu dienen macht schon viel Freude!"*[4]

oder

- *„Herr Oberstleutnant, ich bin zwar ärztlicherseits[5] vom Dienst befreit, aber es ist selbstverständlich, dass ich meine Verpflichtungen noch durchziehe – was sein muss, muss sein!"*

Beim Volley- oder Fußballspiel folgenden Satz bringen:

- *„Herr Oberstleutnant, darf ich Ihnen diesen Ball noch einmal zuspielen?"*

3 Fortschrittliche Soldaten wählen dazu vorzugsweise die leere LAPTOP-Tasche und ihre umfangreiche Sammlung an Musik-CD's

4 Nicht für weibliche Soldaten! (Alternativlösungen werden derzeit im Zentrum Innere Führung empirisch untersucht)

5 In diesem Fall empfiehlt sich ein vorabendliches „Candlelight-Dinner" mit Ihrer Truppenärztin oder die Rückbesinnung auf den eigenartigen, stechenden Schmerz, der bereits seit Jahren immer wieder in Ihrem Kopf begann und am rechten, großen Zeh endete.
Die Tatsache, dass Sie nach Wechsel Ihres Schneiders sofort beschwerdefrei waren, ist in diesem Fall nicht meldepflichtig!

Den Vorgesetzten um 23.00 Uhr in seiner Wohnung zu Hause anrufen und Meldung erteilen:

➢ *„Herr Oberstleutnant, der 3. Zug befindet sich unter der Führung des noch sehr jungen Oberleutnant Kruse auf dem Übungsplatz. Ich möchte noch mal rausfahren. Es lässt mir keine Ruhe – ich habe den Eindruck, dass ich dort gebraucht werde."*

Stufe 3

Kasinogespräch in Anwesenheit von möglichst vielen Kameraden:

➢ *„Herr Oberstleutnant, ich melde mich vorzeitig aus dem Urlaub zurück!"*

oder

➢ *„Herr Oberstleutnant, in diesem Quartal sind schon wieder so viele Feiertage, dass ich darum bitte, den Stoff nachts und am Wochenende reinarbeiten zu dürfen!"*

oder

➢ *„Herr Oberstleutnant, die Problematik der Ausbildung im nächsten Quartal hat mich tagelang beschäftigt. Heute Nacht habe ich endlich die Lösung gefunden!"*

Stufe 4

Auf dem Flur des Hörsaal- oder Stabsgebäudes unter hörbarem Ein- und Ausatmen,[6] eine Laptop-Tasche mit integrierter CD-Sammlung unter dem linken Arm und einem „Beamer"- Koffer unter dem rechten, dem Vorgesetzten melden:

➢ *„Herr Oberstleutnant, ich habe schon wieder den besten Hörsaal[7]. Ich weiß auch nicht, wie das ständig kommt. So viel besser als die anderen Hörsaalleiter bin ich nun auch nicht."*

oder

➢ *„Herr Oberstleutnant, gestern haben meine Lehrgangsteilnehmer nach meinem ganz neuen Methodikunterricht, der nur Beispiele bringt, während die anderen das immer zu theoretisch aufziehen, spontan Beifall getrommelt. Ich habe das dann aber selbstverständlich unterbunden!"*

6 Alternativ wird auch immer wieder gern das ständige Abtupfen der Stirn genommen!

7 Zugführer oder andere Führungsebenen ersetzen singgemäß!

FORMULIERUNGSHILFE

	BEWERTUNG:				
BEURTEILUNGSMERKMALE:	**überragend**	**tritt hervor**	**befriedigend**	**entspricht den wesentlichen Anforderungen**	**entspricht nicht den Anforderungen**
Einsatzbereitschaft	reißt Bäume aus, - ob sie wollen oder nicht	reißt Bäume aus, die durch Vorgesetzte gekennzeichnet wurden	reißt sich vor dem Ausreißen von Bäumen am Riemen	reißt Bäume nur im eigenen Garten aus	verwechselt Bäume mit Topfpflanzen
Belastbarkeit	erledigt alles gleichzeitig	erledigt gleichzeitig Alle	erledigt nur Untergebene	glaubt, dass sich alles von selbst erledigt	erledigt sein Geschäft regelmäßig
Eigenständigkeit	macht Vorgesetzte überflüssig	öffnet auch überflüssigen Vorgesetzten die Tür	grüßt überflüssige Vorgesetzte stets besonders höflich	stellt Vorgesetzten überflüssige Fragen	parkt vornehmlich auf dem Parkplatz des Vorgesetzten
Fachliches Können	weiß alles am besten	meint, alles besser zu wissen	weiß, was andere besser machen müssen	weiß genau, wann Feierabend ist	weiß immer, wo gerade gefeiert wird
Menschenführung	spricht nur mit Gott und Ebenbürtigen	spricht mit sich selbst und Vorgesetzten	verspricht viel, wenn der Tag lang ist	verspricht sich mehrfach am Tag	spricht guten Getränken zu
Durchsetzungsvermögen	durchbricht Stahlpanzerung	durchbricht immer öfter Stahlpanzerung	durchbricht auf dem Heimweg ungeduldig den Schlagbaum an der Wache	bricht trotz Verzicht auf Mittagsschlaf nicht zusammen	bricht nach jedem Herrenabend
Kameradschaft	kennt viele Kameraden	kennt viele, die Kameraden sind	grüßt Kameraden auf der Toilette freundlich mit „Mahlzeit“	unterhält sich mit Kameraden nur im und über den Dienst	hält Kameraden von der Arbeit ab, da er selbst nichts zu tun hat
Geistige Fähigkeiten	löst auf der Stelle jedes Problem	sieht in jeder Lösung Probleme	hat Probleme mit Lösungen	löst im Dienst erfolgreich Kreuzworträtsel	löst sich nach Dienst auf
Führungsqualitäten	ist in allem führend	führt immer Alles	führt ein angenehmes Leben	verführt zum Feiern	nimmt zu häufig Abführmittel

Offizierausbildung – modern, von Grund auf!

Nach den Zielvorstellungen der Reformkommission wird die Ausbildung der Offiziere aller Teilstreitkräfte zukünftig nach dem Joint-Prinzip[1)] in die Phasen

- prä-universitäre,
- universitäre und
- post-universitäre Ausbildung

aufgeteilt und damit schon im nächsten Jahrzehnt einen Offizier prägen, der nach seiner Pensionierung nahtlos in eine zivile wissenschaftliche Laufbahn oder im Rahmen von Beraterverträgen als Museumsdirektor, Leiter einer pädagogischen Hochschule, Intendant städtischer Bühnen oder Spezialist für vergleichende Märchenforschung, übernommen werden kann.
Als erstrebenswert, wenn auch nicht in jedem Falle erreichbar, bezeichnet die Kommission, dass der Offizier der Zukunft etwa in seinem 45. Lebensjahr außerdem die Fähigkeit erworben haben sollte, einen Zug durch schwieriges Gelände zu führen und ein Waffenreinigen ohne tödliche Unfälle zu beaufsichtigen.

In der **prä-universitären** Phase soll die Ausbildung des Berufsoffiziers mit einem einwöchigen Seminar über die Dienstgradabzeichen der eigenen Teilstreitkräfte und über die Kriegsdienstverweigerung beginnen. Das Seminar schließt mit einer Filmvorführung über das Tragen von Uniform und über das Grüßen ab.

In der **universitären** Phase studiert der Offizieranwärter nach seiner freien Wahl ein Semester Philosophie, Theologie und Archäologie, worauf wieder ein einwöchiges Seminar in einem der Erholungsheime des Bundeswehrsozialwerkes folgt. (Themen: Dienstgradabzeichen anderer Teilstreitkräfte, Namen und Parteizugehörigkeit des jeweiligen Bundesverteidigungsministers und seiner Staatssekretäre, Farbfilm über das NATO-Musikfest in Mönchengladbach).
Auf die Beförderung zum Fähnrich folgt dann das 2. Semester eines wissenschaftlichen Studiums, dessen Fachrichtung in einem gewollten Kontrast zu den zukünftigen Hauptinteressengebieten des Offiziers stehen soll.

Nach diesem „Diversifikation" genannten Prinzip, das einer berufsbezogenen Einseitigkeit vorbeugen soll, wird z.B. vom zukünftigen Luftwaffenoffizier ein botanisches, beim Heer ein hydrographisches und bei der Marine ein mineralogisches Semester erwartet.
Hierauf folgen normalerweise die Beförderung zum Leutnant, ein Wochenendseminar an der Führungsakademie sowie ein Gratis-Abonnement der Zeitschrift „Bw-aktuell".
Nach einem Lehrgang von neun Monaten an der Wehrakademie in alter und neuer

Geschichte, in Pädagogik des Pubertätsalters und in theologischer Didaktik lernt der junge Offizier an vier aufeinander folgenden Wochenenden den harten Truppenalltag kennen und wird von nun an regelmäßig als Manöverbeobachter eingeladen.

In der **post-universitären** Phase erfolgt mit etwa 40 Lebensjahren die Promotion zum Dr. mil. und die Beförderung zum Major. In dem darauffolgenden Quartal soll der Luftwaffenoffizier den Pilotenschein für eine Piper-Club, der Marineoffizier den Segelschein A und der Heeresoffizier den Bus-Führerschein erwerben.
Nach erfolgreich absolvierter Prüfung wird er auf Zusammenarbeit mit einer militärischen Dienststelle seines Heimatortes angewiesen, die ihm durch die Nutzung des Freizeitbüros eine anspruchsvolle Freizeitgestaltung ermöglichen soll.

Vor der Habilitation zum Oberst i.G. erfolgen noch Prüfungen im Patience-Legen, im gregorianischen Kirchengesang und (als Wahlfach) MG-Reinigen.

Generale durchlaufen diesen Ausbildungs-und Bildungsgang nicht.
Sie werden als Seiteneinsteiger in die Armee eingestellt.

1 Abgeleitet aus dem Englischen von to join= verbinden. Die begriffliche Ähnlichkeit mit der Drogenszene und die aus falscher Interpretation eventuell zu erwartenden Missverständnisse werden derzeit im Rahmen einer Langzeitstudie in den Sprachmittlergruppen an den Kampftruppenschulen untersucht.

Kapitel 5

Im Mittelpunkt des Führungsprozesses steht der Mensch...

Innere Führung – life ...

Aus dem Unteroffizierkorps ragte sprachlich Oberfeldwebel Gruffke heraus; er durfte deshalb auch Unterricht über geistige Probleme abhalten.
Das hörte sich etwa so an:

„Schulze, machen Se[1] den Mund zu, sonst weht Ihn' der Blinddarm weg! Also wir red'n heute über de Innere Führung. Ick wer' Ihn' det ma an Beispiele erläutan.
Nehm' Se an, Se sind jung vaheirat' – nich wat Sie denken, Meier, Sie Lustmolch – und ham 'nen Sohn von – saren wa mal – vier Jahre.
Also der kommt zu Ihn' und sacht mit seine piepsije Stimme... –
Hubert! Hör'n Se endlich uff zu popeln, Sie unterentwickelter Nato-Zwerch. Sonst machen Se draußen Liejestütze über ne spitze Jabel[2], bis der Wehrbeuuftrachte kommt!
Also, kleen Uwe sacht zu Ihn':
„Vata, kann ick heute Bonanza mit die Kartreits sehn?"
Sie woll'n det aber nich, det sich der Lausebengel die Oren[3] vasaut und hintaher nich einpennt.
Wat machen Sie nu?
Tja, ohne die Innere Führung würden Sie jetzt „nee" saren, die Jöhre würde anfangen zu heulen. Sie würden ihm den Arsch vasohlen, und det janze Vata-Sohn-Vahältnis wäre im Eima.
Seh'n Se, det war der Fehla bei die Wehrmacht! Und deshalb ham wa ooch den Kriech valorn, saren die jedenfalls in Koblenz.
– Klugebold, Sie sind doch Aburent, wat is eijentlich in Koblenz?"
"Da fließt die Mosel in den Rhein, Herr Oberfeld!"
"Na meinetwejen, aba wir planen hier keene Sauftour, det ist Unterricht, Sie trübe Tasse! Sie wollen immer so tellijent sind.
Ick wer' Ihn' saren, wat Sie sind:
Intellijent sind Sie? – Also da is natürlich die Schule für Innere Führung.
Un nu spiel'n wa ma detselbe Theata mit Kleen Uwe und seine Bonanza von vorne, so wie die det in Koblenz jerne hätten.
Zunechst akleert man so'n Kind erst ma die Scheedlichkeit von't Fernsehen für die Oren.
Denn sacht man, det det Programm heute ausfällt, weil Lüttel Djo sich akeltet hat.

Wenn det ooch nich hilft, klebt man Tesafilm in de Steckdose, damit keen Strom kommt, oder man läßt det Kind einfach det Stück ankucken. Man muß ja nich jleich allet vabieten!"

(Auszug aus: Miles Bramarbas, Gesammelte Werke,
„Die Armee auf der Erbse"
Bernhard & Graefe Verlag, Koblenz 1985)

1 Gruffke war vermutlich Berliner Herkunft.

2 Seit der Nagold-Affäre stehen Liegestütze über offenen Klappmessern bei der Luftlandetruppe nicht mehr im Mittelpunkt der Spezialausbildung.

3 Augen (L. B. Johnson „How to become a Berliner", Seite 4711 ff.).

Jeder von uns ist eine Führungskraft – zumindest nach der Bezahlung und dem Titel...

1. Kommt man **zu spät**, ist man ein schlechtes Vorbild;
   kommt man **pünktlich**, ist man ein Aufpasser.

2. Ist man zu seinen Mitarbeitern **freundlich**, will man sich anbiedern;
   ist man **zurückhaltend**, gilt man als hochnäsig.

3. Teilt man **Lob** aus, ist man ein Schmeichler;
   tadelt man, so wird man als Verleumder hingestellt.

4. **Flirtet** man mit weiblichen Mitarbeitern, ist man als Lustmolch verschrien;
   behandelt man sie als **Neutrum**, kommt man in den Verdacht, homophil zu sein.

5. **Kümmert man sich** um die Arbeit seiner Leute, ist man ein Schnüffler;
   tut man's nicht, hat man von der Sache keine Ahnung.

6. Hält man **Konferenzen** ab, ist man ein Schwätzer;
   hält man **keine** ab, ist man ein Mann der einsamen Entschlüsse.

7. Ist man schon etwas **älter**, gilt man als verkalkt;
   ist man noch **jung**, fehlt die Erfahrung des Alters.

8. **Bleibt man** etwas länger, markiert man den Überbeschäftigten;
   geht man **pünktlich**, fehlt das Firmeninteresse.

9. Ist man **geizig**, dann hat man es wohl nötig;
   ist man **freigiebig**, dann sieht man mal wieder, was die Kerle verdienen.

10. Nimmt man **Urlaub**, nutzt man seine Stellung aus;
    nimmt man **keinen Urlaub**, fürchtet man um seine Position.

11. **Beharrt man** auf seinen Forderungen, ist man stur;
    steckt man zurück, ist man wankelmütig.

12. Hat man **Erfolg**, war es Glück;
    geht was daneben, natürlich – war ja nicht anders zu erwarten!

13. Schickt man seine Mitarbeiter zu **Weiterbildungsmaßnahmen**, will man sich beliebt machen;
tut man's nicht, will man niemanden hochkommen lassen.

14. Hat man **neue Ideen**, ist man ein Phantast;
bleibt alles beim alten, ist man einfach rückständig.

15. Kleidet man sich **akkurat** und hält sich an die Kleiderordnung, ist man ein „Ewig-Gestriger" oder eitler "Fatzke";
Tritt man **ungepflegt und nachlässig** auf, ist man das Produkt einer zur Dekadenz neigenden Gesellschaftsordnung.

Macht man sich Gedanken über all das, hat man wohl zu wenig zu tun;

macht man sich keine, ist man keine Führungskraft !!

Militärischer Umgangston im Wandel der Zeiten

Wehrmacht 1941:

Zugführer, **Unteroffizier Alois Packschiß**, zu seinem Zug nach einem 82-stündigen hervorragenden Sperreinsatz unter Feindfeuer:

„Exzellenter Einsatz, Männer! Wir essen, reinigen Waffen und Ausrüstung, ruhen 2 Stunden und gehen dann mit neuem Biss an den nächsten Auftrag! – Fragen?"

Soldaten im Chor:
„Nein, Herr Unteroffizier!"

Bundeswehr 1962

Zugführer, **Oberfeldwebel Alois Packschiß**, (…nach Reaktivierung in der Bundeswehr!) zu seinem Zug nach einem 12-stündigen Sperreinsatz unter ungünstigen Witterungsverhältnissen:

„Gut gemacht, Männer! Im Anschluss Verpflegungsaufnahme, Reinigung von Ausrüstung und Waffen, anschließend Ruhen und Warten auf den nächsten Auftrag! – Fragen?"

Einzelner Soldat aus dem dritten Glied:
„Was gibt es denn heute zu essen, Oberfeld?"

Bundeswehr 1989

Zugführer, **Oberleutnant Franz-Josef Packschiß** (…nach Namensänderung und anschließend erfolgreicher Übernahme in die Laufbahn der Fachdienstoffiziere) zu seinem Zug* (Fehl: 18 Soldaten) beim morgendlichen Antreten nach nächtlichem Ausfall der Zentralheizung:

* 5 Mann beim Arzt, 3 Mann Urlaub, 4 Mann Innendienstkrank, 3 Mann krank zu Hause, 1 Mann Küchenausschußsitzung, 2 Mann beim Pfarrer.

„So, sind alle, die da sein müssten, da?
Gut, wir gehen gleich auf den Standortübungsplatz, legen eine Auffangminensperre an und vermessen diese! Wenn Gefreiter Bierhals die 6B-Bleistifte beim Kompaniefeldwebel nicht bekommt, machen wir Waffenreinigen auf dem Flur. Unteroffizier Jungverdorben passt auf! – Noch Fragen?"
Drei Soldaten aus dem ersten Glied:
„Herr Oberleutnant, können wir heute früher Schluss machen?
Der andere Zug hat nämlich Urlaub!"

Bundeswehr 2002

Kompaniechef, **Hauptmann Packschiß** (...nach erneuter Erhöhung der Altersgrenze für Berufssoldaten), zu seiner Kompanie beim morgendlichen Versammeln (ehemals „Antreten") im überheizten Sanitätsbereich:

„Hallo, Freunde! Schön, dass Ihr heute so zahlreich erschienen seid.
Mensch Paul, was hast du heute für einen schicken Anzug an!
So, dann wünsche ich Euch für den heutigen Tag viel Spaß.
Vielleicht sehen wir uns morgen wieder.
Kommt ruhig öfter her, wenn Ihr sonst nichts vorhabt.
Hat irgendeiner ein Problem oder eine Frage!"

Soldat aus dem Hintergrund:
„Ich kann heute Nachmittag am Kaffeetrinken mit Ihnen nicht teilnehmen, ich muss mit meiner Freundin zum Sommerschlussverkauf"...

Kapitel 6

…Und dann war da noch der

Herr Oberst,

Hans-Fiedo Niedergesäß…

Oberst, Hans-Fiedo Niedergesäß, fährt mit seinem nach abgeschlossener Generalstabsausbildung an der Führungsakademie zur ersten Aufbauverwendung frisch in den Stab zuversetzten Generalstabsoffizier[1], Major i.G. Ferdinand Kussmaul, zur Geländeerkundung.
Seiner Verantwortung als fürsorglicher und hilfestellender Vorgesetzter ist er sich in dieser Situation besonders bewusst.
Die Schranke zum Standortübungsplatz ist geöffnet und Herr Oberst sieht die Chance, seinen jungen G4[2] auf den anspruchsvollen und fordernden Truppenalltag vorzubereiten.

„Na, mein lieber Kussmaul, wie hoch ist denn diese Schranke?"

Der G4 steigt aus, schließt die Schranke und meldet nach Abschreiten in exakten 1-Meter-Schritten:

„3,60 m, Herr Oberst!"

„Mein lieber G4, jetzt weiß ich, wie <u>breit</u> die Schranke ist, – aber ich wollte doch ihre <u>Höhe</u> wissen...!"

***

Herr Oberst ist gegen Ende einer Besprechung besonders leutselig und fragt in ungewohnt guter Laune:
„Meine Herren kennen Sie eigentlich die drei Vorteile von Alzheimer[3]"

Beflissenes Kopfschütteln in der ganzen Runde.
„Der erste Vorteil ist, dass man seine Ostereier selber verstecken kann!"

Verhaltenes aber pflichtbewusstes Lachen vereinzelter, in diesem Quartal noch zu beurteilender Offiziere...
„Der zweite Vorteil ist, dass man immer wieder neue Leute kennen lernt!"

1 im Volksmund in Anlehnung an diverse Testreihen des ADAC auch „Crash-Test-Dummy" genannt

2 nach mehrheitlicher Auffassung der Kommandeure hauptsächlich für den Speiseplan im Casino verantwortlich, im Landserjargon auch gerne mit "Gas, Wasser, Sch....." betitelt!

3 In Führungsetagen aller Berufsgruppen weit verbreitete Krankheit, die insbesondere <u>dann</u> verstärkt auftritt, wenn es darum geht, gute, durch untergeordnete Mitarbeiter entwickelte Lösungen auf dem weiteren Informationsweg nach oben auch in deren Urheberschaft zu belassen.

Inzwischen haben auch die anderen Teilnehmer der Besprechung erkannt, dass Herr Oberst sich anschickt, auf einen seiner seltenen Höhepunkte zuzusteuern. Nach kurzer Beurteilung der Lage und blitzschnellem Abwägen der Vor- und Nachteile entschließt sich die Masse in Erwartung der Pointe sicherheitshalber zu einem brüllenden Gelächter.
„Der dritte Vorteil,...äh...den hab ich leider vergessen...“

Für Einige kam die Erkenntnis, dass sich die Lage unversehens verschärft hatte und brüllendes Gelächter besser durch eine geeignete Form des Krisenmanagement hätte ersetzt werden müssen, leider zu spät!
Die spontan durch Herrn Oberst namentlich anberaumten Einzelgespräche fanden trotz Sommerzeit bei einer „gefühlten“ Temperatur von – 10 Grad Celsius statt!

***

Herr Oberst, an verantwortungsvoller Stelle im Beitrittsgebiet eingesetzt, selbsternannter Vollstrecker der Einheit, teilt das schwere Los seiner Kameraden und wohnt mit ihnen gemeinsam innerhalb der Woche[1] in einem Wohnheim für Offiziere.
Leutnant der Infanterie, Lothar van Lendenbrink , durch die Aufklärungstruppe wegen nicht reinen Adels abgelehnt, jedoch um so erfolgreicher im Kampf um Spitzenposition in der örtlichen Damenwelt, hat zufällig das Zimmer neben Herrn Oberst.
Eines Nachts wacht Herr Oberst durch ein leises Kichern im Nebenraum auf.
Als er genauer hinhört, vernimmt er die zärtlich hingehauchte, durch verhaltenes Stöhnen begleitete Frage:
„Ja, wem gehört denn das süße Popöchen?”

Da er sich selbst außerstande sah, diese Frage zu beantworten und sich darüber hinaus schmunzelnd und ein wenig wehmütig an seine eigene Leutnantszeit erinnerte, entschlummerte er nach wenigen Minuten wieder – zumal die gestellte Frage offensichtlich auch aus dem Nebenraum nicht eindeutig beantwortet werden konnte.

Gegen zwei Uhr nachts schien im Nebenzimmer offensichtlich erneut Ratlosigkeit ausgebrochen zu sein:

„Ja, wem gehört denn dieses süße Popöchen?”

Obwohl inzwischen zunehmend verärgert – gelang es Herrn Oberst, erneut in Schlaf zu fallen.

1 Im Volksmund „Dimido“ genannt. (Dienstag-Mittwoch-Donnerstag, – oder was?)

Als es um drei und um vier Uhr, begleitet durch offensichtliche Atemnot, abermals zur Wiederholung der Frage bei gleichzeitig wenig zufriedenstellender Antwort kam, riss Herrn Oberst der Geduldsfaden und er hämmerte empört mit beiden Fäusten an die Wand zum Nebenzimmer:

„Verdammt noch mal! Wird sich doch im Verlaufe einer Nacht feststellen lassen, wem dieser verflixte A.... gehört ?"

***

Herr Oberst sitzt in der ersten Reihe beim Standortgottesdienst.
Der etwas längere Cocktailempfang des Vorabends hat seine körperliche Leistungsfähigkeit erheblich eingeschränkt. Trotz verzweifelter Versuche, seine Schwäche durch Entfernungsschätzen zu überspielen, schlummert er bereits zu Beginn der Schöpfungsgeschichte ein.
Der Pastor beendete seine Predigt mit dem Ruf:

„...und Gott sprach, es werde Licht, und es ward Licht!"...

Herr Oberst, jäh aus den Träumen gerissen:

„Was soll ich gesagt haben?"

***

Herr Oberst und sein G3, Bonifatius Spindelhirn, haben die Vorbereitungen einer Übung mit Volltruppe erfolgreich abgeschlossen und schauen sich gemeinsam zur Einstimmung einen Wildwestfilm im Kino an. Die Spannung ist kaum noch zu überbieten, als John Wayne, durch hunderte blutrünstiger Indianer verfolgt, auf eine breite Schlucht zureitet.

„Na G3, schafft er es oder schafft er es nicht?"

„Er schafft es, Herr Oberst!"

„Gut Spindelhirn, ich halte dagegen!"

Heulende Indianer in Kriegsbemalung, der Held lässig mit hängenden Zügeln reitend, dumpfes Aufbrausen der Filmmusik, der Hengst bläht seine Nüstern, setzt zum Sprung an – und – landet knapp aber glücklich am jenseitigen Rand des Abgrunds.

Während die Großaufnahme der wütenden Indianer auf der anderen Seite noch zu langsam abschwellender Filmmusik über die Leinwand flimmert, schaut Herr Oberst seinen G3 fragend an:

„Glück gehabt! Wie konnten Sie das wissen?"

„Herr Oberst, ich muss ehrlich zugeben, dass ich diesen Film schon einmal gesehen habe!"

„Sie sind wenigstens ehrlich, Spindelhirn!
Auch ich muss gestehen, dass ich den Film schon einmal gesehen habe! –
Aber ich dachte wirklich nicht, dass er es noch einmal schafft...!"

***

...und nun noch einige „Shorties"

„Sie dürfen selbstverständlich Fragen stellen, meine Herren! Das wird Ihnen, außer mir, keiner übel nehmen!"

***

„Herr Oberstleutnant, Sie sind im Besitz einer Ironie, die weniger intelligente Menschen oft nicht nachvollziehen können!"

„Herr Oberst, es tut mir leid, wenn Sie mich derart missverstanden haben sollten..."

***

„Herr Oberst, darf ich Ihnen einen Kaffee anbieten?"

„Nein danke, ich muss noch fahren!"

***

„Herr Oberst, soeben ist eine neue CD-ROM aus dem Ministerium eingetroffen! Soll ich Sie Ihnen vorstellen?"
„Immer diese überraschenden diplomatischen Delegationen! Kann uns das Ministerium nicht vorwarnen? Außerdem sind die Rumänen nicht in der NATO – soll der Stellvertreter übernehmen!"

***

„Herr Oberst, leider erreiche ich Sie nur am Telefon! Darf ich Ihnen einige Sekunden Ihrer kostbaren Zeit[1] *stehlen und schnell ein paar Fragen stellen?"*

„Schießen Sie los, ich warte ohnehin auf einen Anruf der Division...!

***

1 In diesem Fall konnte es sich nur um einen, zum Sarkasmus neigenden Mitarbeiter des KLV- Teams handeln, der bei Auswertung des „Aktivitätenerfassungsblatts" des Herrn Oberst vergeblich nach einer verwertbaren Eintragung suchte.

„Herr Oberst! Tiefer Feindeinbruch in der linken Flanke!!"–

„Lassen Sie mich mit dem verdammten Feind in Ruhe! Ich habe schon genug Sorgen mit der eigenen Truppe!"

***

„Herr Oberst, wir haben seit gestern ISDN im Stab!"

„Verdammt, wie konnte das passieren...?"

***

„Herr Oberst, wir haben uns letzte Woche einen neuen Server für das Internet angesehen. Interessiert Sie das Ergebnis?"

„Meine Herren, seit Boris und Steffi nicht mehr aktiv sind, ist mein Interesse am Tennissport deutlich gesunken...!"

***

„Herr Oberst, mein Sohn war mit seiner Jugendgruppe in einem Weiterbildungsseminar. Jetzt ist er ein USER !"

„Mein Gott, wie hat Ihre Frau das aufgenommen...?"

***

„Guten Morgen, Herr Oberst! Wo soll ich Sie heute hinfahren?"

„Egal Gefreiter, fahren Sie wohin Sie wollen – Ich werde überall gebraucht!"

***

„Herr Oberst, ständiges, kleinkariertes „Herumkriteln" soll auf Dauer sehr gleichgültig machen!

„Das ist mir sch....egal!"

***

„Herr Oberst, haben Sie schon den neuen Tagesbefehl des Ministers gelesen?"

„Ja, aber nicht persönlich!"

Kapitel 7

...und nun ein kurzer Blick
in die geheimnisvolle
Damenwelt...

...und abends gehört Papi uns...!

Zwei, ständig um die Karriere ihrer Männer besorgte Ehefrauen, bemühen sich, immer, wenn sie sich treffen, die Berufsperspektive ihrer Männer in besonders leuchtenden Farben zu schildern:

„Wir werden zum Oktober dieses Jahres nach Bayern versetzt, mein Mann soll dort frühzeitig Kommandeur werden!"

„Das trifft sich ja prima! Wie ich gehört habe hat der Stabsarzt Ihrem Mann doch ohnehin gesagt, dass er seinen Pinsel an den Hut hängen kann!"

***

„Es ist furchtbar! In der nächsten Woche müssen unsere Männer schon wieder in eine lange Rahmenübung!"

„Ich versteh' das auch nicht! Jetzt sind sie 25 Jahre dabei und können es immer noch nicht...!"

***

Die etwas jüngeren Ehefrauen der Hauptleute und Leutnante tüscheln beim Damenkränzchen am hinteren Ende des Kaffeetisches:

„Die Frau von Oberst Niedergesäß soll sich einer Schönheitsoperation unterzogen haben!"

„Seit wann führen die denn auch Enthauptungen durch...?"

***

„Mein Gott, haben Sie gesehen, wie der Kommandeur beim letzten Standortball die junge Frau des Fernmeldeoffiziers angebaggert hat?"

„Ja, ja – wenn eine alte Hütte erst mal brennt!"

***

„Mein Gott, mein Mann ist dermaßen aktiv, dass ich ihm am letzten Wochenende scherzhaft geraten habe, doch bis an sein Lebensende täglich eine Tablette zur gleichmäßigen Verteilung seiner Energiereserven zu nehmen!"
„Wie ich das sehe, reicht in diesem Fall eine normale Hunderterpackung!"

„Um unser Gewicht etwas besser unter Kontrolle zu halten, haben wir uns letzte Woche eine sprechende Personenwaage gekauft.
Was glauben Sie, was sie gesagt hat als ich mich darauf gestellt habe?"

„Bitte nur einzeln die Waage betreten!"

***

Frau Lieselotte Spindelhirn, Ehefrau des gleichnamigen Oberstleutnant i.G.[1] besucht an einem Samstagmorgen den traditionellen Flohmarkt auf dem Marktplatz.
Vor einem Militariastand angekommen, wird sie durch den Aussteller angesprochen:

„Möchten Sie nicht einen preiswerten Bundeswehrschlafsack kaufen?"

Frau Spindelhirn in Erinnerung an den routinemäßigen Tagesablauf der letzten Monate:

„Nein danke, den hab' ich jeden Abend zu Hause!"

***

Beim Kirchgang am Sonntagmorgen trifft die junge Frau des neu zuversetzten Major Ferdinand Kussmaul die Ehefrau von Herrn Oberst. Im Bestreben, bereits frühzeitig Sympathie zu erzeugen und im besonderen Hinblick auf die erste Beurteilung gegen Ende des Jahres verwickelt sie Frau Oberst in ein hochintellektuelles Gespräch:

„Ist das Wetter nicht herrlich heute Morgen? Mein Mann hat leider noch im Stab zu tun – er ist so wahnsinnig pflichtbewusst! Wo ist denn Ihr lieber Mann?"

„Der ist zu Hause. Er passt so gut zur Einrichtung!"

***

1 erstes Leistungsdrittel seines Jahrgangs, Karriereperspektive Generalinspekteur, derzeit in zweiter Aufbauverwendung als G3 einer Brigade.

Oberstleutnant i.G. Dr. Bonifatius Spindelhirn hat – wie gewohnt – bis tief in die Nacht gearbeitet und kehrt erschöpft nach Hause zurück.
Nach dem ersten, kühlen Feierabendbier nähert er sich seiner Ehefrau in ungewohnt eindeutiger Absicht.
Die Ehefrau schaut ihn fragend an:

„Ja, is denn scho wieder Woihnacht?"

***

Frau Adelheid Kussmaul erzählt ständig leicht kokettierend aus dem letzten Urlaub in Tunesien:

„...und beim Gang durch die Medina hat ein junger, gutaussehender und vollblütiger Araber meinem Mann doch tatsächlich vierzig Kamele für mich geboten!"

Leichtes Erröten auf den Gesichtern der gespannt zuhörenden Damen, die Einfuhr von „Schwarzwälder-Kirsch" wird kurzzeitig unterbrochen:

„Und wie reagierte Ihr Mann?"

Stimme aus dem Hintergrund:

„Er fürchtete Komplikationen mit dem Hausverwalter!"

***

*„Bei seiner letzten Dienstreise zum Ministerium ist mein Mann vergeblich dem Bus zur Hardthöhe hinterhergelaufen.
Naja, so hat er dem Steuerzahler 3,50 DM erspart!"*

„Beim nächsten Mal sollte er hinter einem Taxi herlaufen, dann erspart er 20,- DM!"

Kapitel 8

Weisheiten, Wahrheiten, Dummheiten, Frechheiten…

…und Zitate, die weiterhelfen (können)…

- Wer nicht richtig faulenzen kann, kann auch nicht richtig arbeiten!
- Bei manchen Leuten ist ein Gehirnschlag ein Schlag in's Leere!
- Alle reden von der Arbeit, aber keiner tut etwas dagegen!
- Lieber Himbeergeist als gar kein Verstand!
- Breit grinsen, schmal denken!
- Die schlimmste Eigenschaft der Dummen ist ihre Logik!
- Je weniger man uns kennt, desto besser sind wir.
- Denke ! Und Du wirst sehen, es lohnt sich nicht!
- Grundsätze sind Sätze, an denen man leicht zugrunde gehen kann!
- Wissen macht zaghaft - Dummheit kann alles!
- Gebrauchen Sie Ihr Hirn - im Leben geben die kleinen Dinge den Ausschlag!
- Wer kriecht, kann nicht stolpern!
- Nur durchschnittliche Mitarbeiter sind dauernd in Hochform!
- Man kann niemanden überholen, wenn man in seine Fußstapfen tritt!
- Die meistbeschäftigten Leute sind nie zu beschäftigt, allen zu erzählen, wie beschäftigt sie sind!
- Früh duckt sich, was gut treten will!

- Die, die keine Fehler haben, machten oft die meisten!
- Ein guter Chef macht nicht alle Fehler selbst - er gibt auch anderen eine Chance!
- Wer dem Chef in den Hintern kriecht, muss damit rechnen, dass er ihm eines Tages zum Hals raushängt!
- Wenn Du einen Vorgesetzten triffst, triff ihn richtig!
- Nicht alles, was zwei Backen hat, ist ein Gesicht!
- Wir sitzen alle in einem Boot: Die einen rudern, die anderen angeln!
- Wenn Ihre Dummheit pfeifen würde, dann hätten wir den ganzen Tag ABC-Alarm!
- So dumm, wie Sie, bin ich schon lange!
- Wer schon die Übersicht verloren hat, der sollte wenigstens den Mut zur Entscheidung haben!
- Wissen ist Macht, nichts wissen, macht auch nichts!
- Der klügere gibt so lange nach, bis er der Dumme ist!"
- Wo wir sind, ist immer Vorne - und wenn wir Hinten sind, ist Hinten Vorne.
- Wer für alles offen ist, ist nicht ganz dicht !
- Wer sich von anderen hochziehen lässt, verliert den Boden unter den Füßen!
- Es gibt Offiziere, die machen sich durch ihre bloße Abwesenheit bezahlt!

- Das Gefährlichste auf dem Gefechtsfeld ist ein Generalstabsoffizier mit einer Karte.
- So blöd wie wir es brauchen, können Sie uns gar nicht kommen!
- Wie soll ich wissen, was ich denke, bevor ich höre, was ich sage?
- Wir sind schneller als andere - wenn andere stolpern, liegen wir schon auf der Schnauze!
- Der natürliche Feind der Truppe sind Ministerien und Stäbe!
- Unser Verstand ist unser Vermögen, aber Armut schändet nicht.
- Operative Hektik ersetzt geistige Windstille.
- Gefährlich wird es, wenn die Dummen fleißig werden.
- Wir arbeiten Hand in Hand - was die eine nicht schafft, lässt die andere liegen.
- Initiative ist Disziplinlosigkeit.
- Wir müssen schwach anfangen, dann aber stark nachlassen.
- An der Spitze stehen ist immer noch zu weit hinten.
- Sei freundlich zu den Menschen, wenn Du aufsteigst, Du triffst sie alle wieder, wenn Du absteigst.
- Es genügt nicht nur, keine Gedanken zu haben - man muss auch unfähig sein, sie auszudrücken.
- Es gibt nichts zu tun, packen wir's an!
- Alle tagen, aber nur Wenigen dämmerts!

- Kopflose Menschen haben selten Ärger mit Schuppen!
- Nur, wer morgens richtig zerknittert aussieht,
kann sich tagsüber voll entfalten!
- Wir wissen nicht was wir wollen, aber das mit ganzer Kraft!
- Wir kennen zwar den Auftrag nicht,
aber wir bringen das Doppelte!
- Nur wer Lücken hat, kann durchblicken!
- Wer für alles offen ist, muss nicht ganz dicht sein !
- Lieber einen guten Freund verlieren,
als auf eine Pointe verzichten !
- Wer nie den geraden Weg verläßt,
bleibt oft auf der Strecke!
- Wer sich täglich aufbläst,
bekommt keine Falten!

***

Zitate, die weiterhelfen (können)...

Beim Menschen ist kein Ding unmöglich, Morgenstern
im Schlimmen wie im Guten.

Gott hat den Menschen erschaffen, Mark Twain
weil er vom Affen enttäuscht war.
Danach hat er auf weitere Experimente verzichtet.

Erträglich ist der Mensch als einzelner, Grillparzer
im Haufen steht die Tierwelt gar zu nah.

Hört auf der klugen Frauen Urteil; Horaz
denn ihnen schenkten die Götter die Gabe,
mancherlei zu schauen, was unserem Auge entgeht.
Sind unsere Blicke auch klarer,
so sind sie in die Weite gerichtet;
ihre Blicke aber sind schärfer für das,
was im Umkreis geschieht.

Wo ein Genie auftaucht, Jonathan Swift
verbrüdern sich die Dummköpfe.

Die gefährlichste Waffe sind Wieslaw Brudzinski
die Menschen kleinen Kalibers.

Das Recht, mit der Faust um sich zu schlagen, Aus den USA
hört auf, wo die Nase des Mitmenschen anfängt.

Wer Freiheiten aufgibt,
um Sicherheit zu gewinnen,
verdient weder Freiheit noch Sicherheit.

Benjamin Franklin

Solange die Freiheit
nicht in allen Ländern blüht,
kann sie in einem einzelnen nicht gedeihen.

John F. Kennedy

Wer auf allen Wegen geht,
verfehlt den Weg nach Hause.

Aus dem Senegal

Es ist besser, unvollkommene Entscheidungen
durchzuführen, als beständig nach vollkommenen
Entscheidungen zu suchen,
die es niemals geben wird.

Charles de Gaulle

Die Freiheit ist eigentlich ein Vermögen,
alle willkürlichen Handlungen
den Beweggründen der Vernunft unterzuordnen.

Kant

Für Leute, die nur einen Hammer
als Werkzeug haben, ist jedes Problem ein Nagel.

Aus China

Das Recht auf Dummheit
wird von der Verfassung geschützt.
Es gehört zur Garantie der freien Entfaltung
der Persönlichkeit.

Mark Twain

Es ist nichts widerwärtiger als ein Dummkopf,
der Glück hat.

Cicero

Die beste Methode, Josh Billings
einen Narren von seinem Irrtum zu überzeugen,
besteht darin, ihn seine Dummheiten ausführen zu lassen.

Suche selbst deine Fehler zu erkennen; Grillparzer
Denn die Wohlwollenden machen dich nicht
darauf aufmerksam, um dir nicht weh zu tun,
die Feindseligen nicht, weil sie sich über diese Fehler freuen.

Wer will, dass ihm die anderen sagen, Machiavelli
was sie wissen, der muss ihnen sagen,
was er selbst weiß.
Das beste Mittel, Informationen zu erhalten,
ist, Informationen zu geben.

Ein Egoist ist ein Mensch, der nur zuhört, Arno Sölter
wenn er selbst redet.

Ein kluger Entschluss reift unverhofft, Oskar Blumenthal
blitzschnell und ohne Erwägung,
doch Dummheiten machen wir all zu oft
nach reiflichster Überlegung.

Hast du einen jungen Menschen John Erskine
davor bewahrt, Fehler zu machen,
dann hast du ihn auch davor bewahrt,
Entschlüsse zu fassen.

Am auffälligsten unterscheiden Waggerl
sich die Leute darin, dass die Törichten
immer wieder dieselben Fehler machen,
die Gescheiten immer wieder neue.

*Was mit Gewalt erlangt worden ist,
kann man nur mit Gewalt behalten.* — Mahatma Gandhi

*Man muss die Tatsachen kennen,
bevor man sie verdrehen kann.* — Mark Twain

*Wer wirklich Autorität hat,
wird sich nicht scheuen, Fehler zuzugeben.* — Bertrand Russel

*Wer immer auf sein Recht pocht,
bekommt wunde Finger.* — Volker Schlöndorff

*Wer sich jeder Aufgabe gewachsen glaubt,
taugt meistens für keine.* — Verfasser unbekannt

Mensch sein, heißt verantwortlich sein. — Antoine de Saint-Exupéry

*Tapferkeit ist stets mit Menschlichkeit gepaart,
während der Feige zur Grausamkeit neigt.* — Peltzer

*Seien Sie fest in Ihren Entschlüssen.
Wägen Sie das Für und Wider vorher ab;
aber wenn Ihr Wille einmal erklärt ist,
so gehen Sie um alles in der Welt nicht davon ab.* — Friedrich II. von Preussen, an Karl von Württemberg

*Manche Arbeiten muss man
Dutzende Male verschieben,
bevor man sie endlich vergisst.* — Verfasser unbekannt

Der Vogel, der nicht fliegt,
weiß nicht, wo reife Früchte sind.

Aus Burundi

Wer a sagt, der muss nicht b sagen.
Er kann auch erkennen, dass a falsch war.

Bertolt Brecht

Man ist schlecht beraten,
wenn man nur mit Leuten zusammenarbeitet,
die nie widersprechen.

Ludwig Rosenberg

Wer es einem Vorgesetzten gleichtun will,
beginnt mit den schlechten Eigenschaften.

aus Japan

Nur ein mittelmäßiger Mensch
ist immer in Hochform.

Somerset Maugham

Wer Erfolg haben will,
darf keine Angst haben, Fehler zu machen.

Frank Tyger

Wer sich auf seinen Lorbeeren ausruht,
trägt sie an der falschen Stelle.

Mao Tse-Tung

Die Pflicht zum Widerspruch ist im Gehalt inbegriffen

Theodor Heuss,
zu einem Beamten im Bundespräsidialamt

Sage mir, wer dich lobt,
und ich sage dir, worin dein Fehler besteht.

Lenin

Kritik soll zur rechten Zeit erfolgen.
Man darf sich nicht angewöhnen,
erst dann zu kritisieren,
wenn das Unheil passiert ist.

Mao Tse-Tung

Mancher findet nur darum ein Haar
in jeglicher Suppe,
weil er das eigene Haupt schüttelt, solange er isst.

Hebbel

Was unsere Epoche kennzeichnet,
ist die Angst, für dumm zu gelten,
wenn man etwas lobt, und die Gewissheit,
für gescheit zu gelten, wenn man etwas tadelt.

Jean Cocteau

Man muss nicht unbedingt das Licht
des anderen ausblasen,
damit das eigene recht hell leuchtet.

Aus Griechenland

Machen Sie sich erst einmal unbeliebt,
dann werden Sie auch ernstgenommen.

Konrad Adenauer

Solange du glaubst,
ohne dich ginge es nicht,
solange geht es ohne dich besser.

Verfasser unbekannt

Mit dem Wind, den man selber macht,
lassen sich die Segel nicht füllen

Waggerl

Wer zu laut und zu oft
seinen eigenen Namen kräht,
erweckt den Verdacht, auf einem Misthaufen zu stehen.

Leixner

Die Leute können ein Großmaul nicht ausstehen, aber zuhören werden sie immer. — Cassius Clay

Erhoffe das Beste und sei gefasst auf das Schlimmste. — Sprichwort

Drei Haare in der Suppe sind relativ viel, drei Haare auf dem Kopf relativ wenig. — Verfasser unbekannt

Kein Geist ist in Ordnung, dem der Sinn für Humor fehlt. — Samuel Tay

Es ist schlimm, in einem Lande zu leben,
in dem es keinen Humor gibt.
Aber noch schlimmer ist es, in einem Lande zu leben,
in dem man Humor braucht. — Bertholt Brecht

Ein Optimist ist jemand,
der genau weiß, wie traurig die Welt sein kann,
während ein Pessimist
täglich neu zu dieser Erkenntnis gelangt. — Peter Ustinov

Ein Pessimist findet zu jeder Lösung ein passendes Problem. — Verfasser unbekannt

Der Mensch wird, wie der Bach, krumm, wenn er stets nur den geringsten Widerstand sucht. — Aus den USA

Ein Opportunist ist ein Mann,
der, wenn er in warmes Wasser fällt,
beschließt, ein Bad zu nehmen. — Aus den USA

Wer sich selbst treu bleiben will,
kann nicht immer anderen treu bleiben.

Christian Morgenstern

Leute ohne Bildung
beharren desto eigensinniger bei ihrem Willen,
je weniger sie darauf zu sagen wissen.

Jeremias Gotthelf

Nur nach dem Baum, der Früchte trägt,
wirft man mit Steinen.

Aus Arabien

Manche Leute drücken nur deshalb
ein Auge zu, damit sie besser zielen können.

Billy Wilder

Ein wahrer Diplomat ist ein Mann,
der zweimal nachdenkt, bevor er nichts sagt.

Winston Churchill

Eine gute Herde wird nicht
von einem Hammel geführt,
sondern von einem Hirten.

Thomas Niederreuther

Nur, wer Gewissen hat,
kennt Verantwortung;
nur wer Verantwortung hat, kennt die Sorge.
Deshalb lebt es sich am sorglosesten auf Befehl.

Thomas Niederreuther

Der Hund, dem man einen Maulkorb anlegt,
bellt mit dem Hintern.

Heine

Eine Armee ist bestimmt Dwigth D. Eisenhower
dann ganz demokratisch,
wenn ein Oberleutnant damit rechnen muss,
dass sein Rekrut von heute sein Bürovorsteher von morgen ist.

Dumme und gleichzeitig fleißige Offiziere von Hamerstein-Equord
sind gemeingefährlich;
sie müssen sofort entlassen werden,
während faule Dumme in untergeordneter Stellung
niemand schaden.
Fleißige Kluge taugen für mittlere,
aber nicht für höchste Stellen,
in die kluge und faule Offiziere gehören.

Ich habe Sie zum Stabsoffizier gemacht, Friedrich II.
damit Sie wissen, wann Sie nicht gehorchen wollen. von Preußen

Auf den Schlachtfeldern herrscht Giraudoux
gegenseitige Achtung.
Der Hass staut sich dafür in den Schulen,
den Salons und bei den Krämern

Viele Menschen sind zu gut erzogen, Oscar Wilde
um mit vollem Munde zu sprechen.
Aber sie haben keine Bedenken, es mit leerem Kopf zu tun.

Das Schwierigste am Diskutieren ist nicht, Andrè Maurois
den eigenen Standpunkt zu verteidigen,
sondern ihn zu kennen.

*Nach manchem Gespräch
mit einem Menschen hat man das Verlangen,
einen Hund zu streicheln, einem Affen zuzunicken
und vor einem Elefanten den Hut zu ziehen.*

Maxim Gorki

*Als Kain den Abel erschlug,
begann die Geschichte der Menschheit.*

Thomas Niederreuther

Kapitel 9

Soldatenlogik!

Aus dem Leben gegriffen...!

Soldatenlogik...

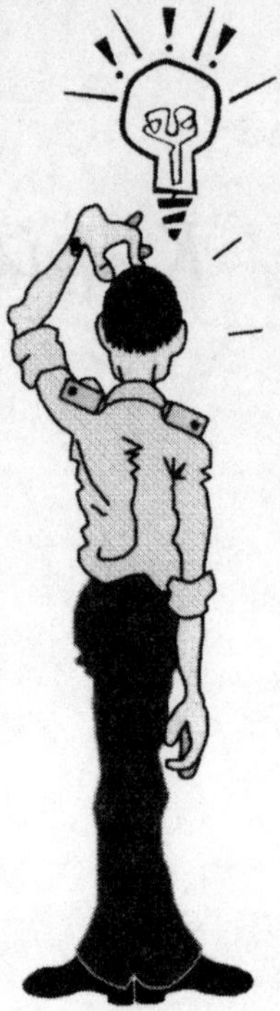

Grenadiertruppe:

- ☛ ***Je*** größer die Entfernung, –
  desto weiter der Weg.
- ☛ ***Je*** dunkler der Wald, –
  desto geringer die Sicht.

Fallschirmjäger:

- ☛ ***Je*** größer die Höhe, –
  desto härter der Aufprall.
- ☛ ***Je*** zahlreicher die Sprünge, –
  desto kleiner das Gehirnvolumen.
- ☛ ***Je*** härter der Muskel, –
  desto weicher die Birne.
- ☛ ***Je*** schneller der Fall, –
  desto höher seine Geschwindigkeit.

Artillerie:

- ☛ ***Je*** intelligenter die Munition, –
  desto leichter die Personalauswahl.

Marine:

- ☛ ***Je*** sicherer das Schiff, –
  desto lustiger die Nichtschwimmer.

Ministerium:

- ☛ ***Je*** unwichtiger die Arbeit, –
  desto größer die Herausforderung.
- ☛ ***Je*** eiliger das Rundschreiben, –
  desto gelenkiger der Halswirbel.

Übergreifendes:

- ☛ ***Je*** höher der Dienstgrad, –
  desto geringer die Bodenhaftung.
- ☛ ***Je*** härter der Aufstieg, –
  desto weicher das Rückgrat.
- ☛ ***Je*** geringer die Zivilcourage, –
  desto blinder der Rasierspiegel.
- ☛ ***Je*** größer die Angst, –
  desto voller die Hose.
- ☛ ***Je*** größer der Ehrgeiz, –
  desto kleiner der cw-Wert.
- ☛ ***Je*** kleiner die Verantwortung, –
  desto größer die Winkerkelle.
- ☛ ***Je*** dümmer der Gegner, –
  desto erfolgreicher die Übung.

- ☛ ***Je*** weniger Profil, –
  desto mehr Neurose.

Pioniere:

- ☛ ***Je*** schwerer der Balken, –
  desto größer sein Gewicht.

Sanitätstruppe:

- ☛ ***Je*** attraktiver die Stabsärztin, –
  desto größer die Schmerzen.

Was ist ...?

...ein Dozent?

☛ „Ein ganz normaler Mensch, der jedoch solange reden kann, bis ihm was einfällt!"

...ein Robinsonlehrgang?

☛ „Warten auf Freitag !"

...ein 08/ 15-Typ?

☛ „Null Ahnung
- 8 Stunden im Dienst
- und A15-besoldet!"

...Management bei Jeans?

☛ „An jeder Schwachstelle eine Niete!"

„Bist Du immer noch G1, –
oder hast Du schon Arbeit?”

„ Hast Du noch Sex , –
oder spielst Du schon Golf ?“

„ Ein Grenadier,
der im Gefecht umfällt
und aus eigener Kraft wieder
aufstehen kann, –
hat etwas vergessen!“

...Und was ist ein ?

...Ein Egoist ist ein Mensch,
der nur zuhört, wenn er selbst redet.

...Ein Pessimist ist einer, der zu jeder Lösung ein passendes Problem findet.

...Ein Optimist ist jemand der genau weiß, wie traurig die Welt sein kann, während ein Pessimist täglich neu zu dieser Erkenntnis gelangt. (Peter Ustinov)

...Ein Opportunist ist einer der, wenn er in warmes Wasser fällt, beschließt, ein Bad zu nehmen.

...Der Spezialist ist einer, der zuerst viel über wenig weiß, im Laufe der Zeit immer mehr über immer weniger weiß, um letztendlich alles über nichts zu wissen!

...Der Generalist ist einer, der zuerst wenig über alles weiß, im Laufe der Zeit immer weniger über immer mehr weiß, bis er schließlich nichts mehr über alles weiß.

Synonyme

Ministerium:	Drehstromlichtmaschine, Traumfabrik, Windmühle
Kommandeur mit Generalstabs-ausbildung:	Durchlauferhitzer, Heißluftgebläse
G3 einer Brigade:	Pentium-Prozessor (32 MB Arbeitsspeicher)
S3 einer Brigade:	Festplatte
G4 einer Brigade:	Pentium-Prozessor (16 MB/aufrüstbar auf 32 MB)
S4:	Stapelkarte, KanPal [1]
Truppenarzt:	Herrgott in Weiß
Technischer Stabsoffizier	Blaumann, Herrgott in blau, Imbus
S2 (Adjutant):	Blitzableiter, Überspannungsschutz, Filterbeutel, Airbag
G1/S1:	Sklavenhändler
G6/S6:	Kabeltrommel, Kabelaffe, Frequenzen-Jogi
Obrigkeitshöriger Soldat:	Schulterlautsprecher, Bückling, Chamäleon, Nick-Dackel [2]
Großspuriger Soldat:	Sub-Woofer, Kugelfisch, Sprechblase, Ausbläser
Zurückhaltender Soldat:	Bleichgesicht

1 Kanister, palettiert

2 Im Halswirbel flexibel gelagerter Plastikdackel, der die umhäkelte Toilettenpapierrolle in den späten 90-er Jahren von der Hutablage des deutschen Mittelklassewagen verdrängen konnte!

Stabsoffizier:	Silberfisch
Älterer Stabsoffizier ohne Computer-Erfahrung:	Intel-Outside, Dinosaurier.
Wenig belastbarer Soldat:	Warmduscher, Bausparer, Weichei, Weichspüler
Generalstabsoffizier in Aufbauverwendung:	Crash-Test-Dummy
Führungsakademie (FüAkBw):	Dozentenfreigehege, Lazarett 2000
Tutor an der FüAkBw:	Tankeinfüllstutzen
Militärischer Dozent an der FüAkBw:	Tankaufsatzbehälter.
Ziviler Dozent an der FüAkBw:	Tankaufsatzbehälter (hü[3]).
Sportlehrer an der FüAK:	Problemzonentrainer
Gruppe pensionierter Generale:	Lodenmantelgeschwader
Heeresamt:	Heldenfriedhof, Reliquien-Schrein
Wachpersonal: beim Heeresamt	Gräberregistriertrupp
Versetzung eines älteren Stabsoffiziers <u>innerhalb</u> des Heeresamtes:	Umbettung

3 handelsüblich

Militärpfarrer:	Klingelbeutel
Vorzimmerdame:	Mail-Box, Weichspüler, Drehzahlbegrenzer
Sozialberater:	Stützstrumpf
Wehrdisziplinaranwalt:	Scharfrichter, Heißmangel
Auswahlkonferenz:	Glücksspirale, Spielkasino, Russisch-Roulette
Aufbau eines multinationalen Korps:	Turmbau zu Babel
Herrenabend eines Offizierkorps im Beitrittsgebiet:	Ball der einsamen Herzen
Ministerialzulage:	Schweigegeld
verkürzte Grundausbildung:	Schnupperkurs

Modellvarianten...

Dicker Soldat...

5-Tonner...

Dicker Soldat der Infanterie...

5-Tonner, (gl)[1]...

Dicker Soldat mit Glatze...

5-Tonner, abgeplant

1 geländegängig

„PLANUNGSPROZESS“

Pläne machen ist eine üppige,
prahlerische Geistesbeschäftigung,
dadurch, daß man sich ein Aussehen
von schöpferischem Genie gibt,
indem man fordert, was man selbst nicht leistet,
tadelt, was man doch nicht besser machen kann
und vorschlägt, wovon man selbst nicht weiß,
wo es zu finden ist!

Immanuel Kant

…und für Offiziere ohne Studium:

Wie soll ich wissen, was ich denke,

bevor ich höre, was ich sage!

Anonymus

„Goldkörner“ aus der Personalführung:

1. Die meisten Probleme lösen sich von selbst,
man darf sie nur nicht dabei stören!

2. Besser eine Fürsprache, als zwei Fremdsprachen!!

3. Man hat mich schon so oft übergangen - warum sollte
man mich nicht auch einmal überfahren?

4. Das Problem mit unseren Generalen ist,
dass wir sie nur aus den Obersten aussuchen dürfen!

5. Jeder kann werden, was er will- ob er will oder nicht.

6. Grüße jeden Dummen, er könnte morgen
Dein Vorgesetzter sein.

7. Es ist leichter, die Verdauung eines anderen zu fördern,
als die Beförderung eines anderen zu verdauen.

8. Auch Nullen sind wertvoll -
Sie müssen nur an der richtigen Stelle stehen.

9. Personalplanung ist das Ersetzen des Zufalls
durch den Irrtum!

Kapitel 10

...Schön beim Bund!!

Schmunzetten aus dem

Truppenalltag...

...aus dem Heer:

Hauptfeldwebel Amadeus Augendübler, Nebenerwerbslandwirt in der Patengemeinde der Kompanie, läßt sich im Kreise der Unteroffiziere lauthals über die wiederholt erfolglose Besamung seiner Rinder aus.
Respektloser junger Unteroffizieranwärter aus dem Hintergrund:

„Ja, wenn man nicht alles selber macht!"

***

Der Gefreite Dingelskirchen meldet sich frühmorgens bei Hauptfeldwebel Augendübler in den Sanitätsbereich ab.
Wild mit beiden Händen gestikulierend versucht er diesem, mit weit geöffnetem Mund die Quelle seines Übels – seinen schmerzenden Weisheitszahn - zu zeigen.

„Schon gut, Gefreiter Dingelskirchen, – zum Glück haben Sie keine Hämorrhoiden!"

***

General[1] Tadäus Eisenbeiß fährt nach Einbruch der Dunkelheit zu einer unangekündigten Überprüfung der Nachtausbildung eines seiner Bataillone.
Der ahnungslose Posten am Schlagbaum stoppt ihn mit der Taschenlampe und grüßt ihn unmilitärisch – aber ausgesprochen freundlich.
Herr General ist (noch) sehr geduldig, möchte aber auf die militärisch exakte Meldung trotzdem nicht verzichten:

„Soldat, gehören Sie zum Panzerbataillon ?"

Der Posten erkennt aufgrund der schnarrenden Sprechweise sofort den Ernst der Situation, reißt die rechte Hand zum Gruß an den Stahlhelmrand und meldet laut und vernehmlich:

„Jawohl, Herr Major!"

1 Ein goldenes Eichenlaub + ein goldener Stern = Brigadegeneral

Das tiefe Entsetzen des Herrn Brigadekommandeurs ob dieser schamlosen Degradierung führt unverzüglich zu einer betont freundlichen Belehrung des verantwortlichen Kompaniechefs, Major[2] Friederich Hasenbein, der zum Glück bereits als Zugführer beim Panzerschießen einen Knallschaden erlitten hatte.
Dieser fasst den Lernprozess des Abends am nächsten Morgen bei der Befehlsausgabe wie folgt zusammen:

„Männer, damit mir solch eine Sch..... in Zukunft nicht mehr passiert, wird ab sofort jeder älter aussehende Major mit Herr General angeredet! Verstanden?!"

„Jawohl, Herr General!"

***

Unteroffizier Xaver Jungverdorben hat bei dem Thema „Methodik der Ausbildung" auf dem Unteroffizierlehrgang gut aufgepasst und insbesondere die Aufforderung seines Feldwebels, die Ausbildung mit möglichst viel Phantasie zu gestalten, außerordentlich ernst genommen.

Im Rahmen des Truppenpraktikums hat er seinen ersten Unterricht mit dem Thema: „Inbetriebnahme der Antenne" durchzuführen.
Nachdem die Truppe ihm stramm gemeldet hat, wirft er unter großer Staubentwicklung einen Sack voll Holzkohle vor dem Pult ab, wühlt – nachdem sich der Staub gelegt hat – zwischen den Holzkohleteilen und zieht triumphierend eine silbrig-glänzende Erkennungsmarke mit Halskette aus der schwarzen Masse:

„Männer, heutiges Thema: Sicherheitsbestimmungen im Umgang mit der Antenne – und damit Ihr es gleich zu Anfang wisst:
Das passiert, wenn Ihr die Antenne in eingeschaltetem Zustand anfasst!"

***

2 Ein silbernes Eichenlaub + ein silberner Stern = Major

… die Soldaten folgten ihm überwiegend aus Neugier…!!

… die Soldaten folgten ihm überwiegend aus Neugier…!!

Fluch der Technik

Bereits auf Einheitsebene waren einige Risiken mit dem versuchsweise eingeführten EDV-System der Bundeswehr verbunden. So verschwieg der Obergefreite Hirnbichel zum Beispiel, daß ihm der Kompanie-Computer beim Verladen auf die Beine gefallen war. Seitdem verschob das Gerät alles um zwei Kommastellen und die Division rätselte schon, wo denn die Hundertstel-Leutnants und Zehntel-M 113 (Anm.: Mannschafts-Transport-Wagen) herkämen.

Bei einer anderen Kompanie war dem zuständigen Stabsunteroffizier ein Betrunkener auf die rechte Hand getreten. Er mußte deshalb einem an der Schreibmaschine fast so mangelhaft wie am MG ausgebildeten Krawattenverkäufer in die Maschine diktieren. Leider vergaß er, bei jedem Tippfehler auch die Berichtigungstaste des Zusatz-Datenlochers zu betätigen. So geriet zwar die geschriebene Meldung an das Bataillon in eine halbwegs verständliche und – abgesehen von den bundeswehrüblichen Beschönigungen – sogar ziemlich zutreffende Fassung. Aber bereits ab Brigade wurden ja nur noch die Lochstreifen der Kompanien eingefüttert.

Generalmajor Bombarth, der Nachfolger von Generalmajor Blaartsch als Kommandeur der 17. Volks-Panzergrenadierdivision, vergaß seine gute Bundeswehrerziehung und tobte fluchend umher, wie damals als Hauptmann und Bataillonsführer im Jahre 1944, als er die Russen erst vom West-Ufer der Beresina wegjagen mußte, um sich eben dorthin befehlsmäßig absetzen zu können.
Er hatte auch Grund dazu:
Von kampfstarker Kavallerie in seiner Division, wie sie der Computer eben gemeldet hatte, war ihm nichts bekannt.
Auch 3568 Haubitzeen mußten eine elektronische Übertreibung sein, ebenso wie die 140 Gebirgsmaultiere und 7 Beobachtungssatelliten, während ihm die Zahl von 178,3 Unteroffizieren merkwürdig wenig erschien...

(Auszug aus: Miles Bramarbas, Gesammelte Werke, „Ein Hauch von Truppe" Bernhard & Graefe Verlag, Koblenz 1985)

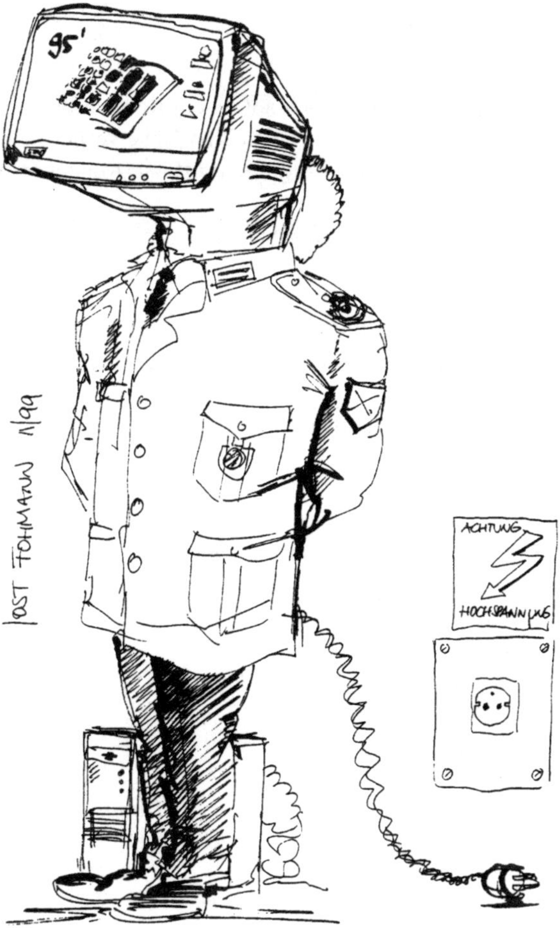

„Ein modernes Heer verlangt die Fähigkeit zum Umgang mit der Technik…“

(HDv 100/100 Kapitel 3 Ziffer 324)

...aus der Luftwaffe:

Der Pilot eines Kampfjets befindet sich auf einem Routineflug, als plötzlich das Flugzeug aus unerklärlichen Gründen schnell an Höhe verliert.
Nachdem er alle Aggregate ohne Erfolg überprüft hat, wendet er sich an den Tower:

*„Tower, hier Delta 1, verliere schnell an Höhe!
May day ... may day ... may day ...!"*

Der Tower nimmt seinen Notruf unmittelbar auf:
„Drücken Sie roten Knopf im rechten Bereich der Instrumententafel!

Hoffnungsvoll setzt der Pilot die Anweisung um.

„Sorry, keine Reaktion!"

„Schieben Sie Hebel Alpha langsam in Flugrichtung!"

„Sorry, keine Reaktion!"

„Korrigieren Sie Instrument Y in Mittelstellung!"

„Sorry, keine Reaktion!"

„Sprechen Sie mir langsam nach: Vater unser, der Du bist ......!"

***

Im Golgkrieg setzte die Luftwaffe ihr leistungsfähigstes Waffensystem ein...

...aus der Marine:

Der Kommandant des Zerstörers läßt den jungen Offizieranwärter auf hoher See die augenblickliche Position bestimmen. Als dieser ihm schließlich nach einer ganzen Weile seine Berechnungen vorlegt, geht der Kommandant an die große Weltkarte:

„Nehmen Sie die Mütze ab, meine Herren, wir laufen soeben in den Petersdom von Rom ein!"

***

Die Offizieranwärter der *Gorch Fock* erleben bei ihrer ersten Seefahrt einen besonders hohen Seegang. An der Toilette herrscht großer Andrang, da für einige das ungewohnte Schaukeln zu zwar erwarteten aber ebenso gefürchteten Reaktionen im unteren, hinteren Körperbereich geführt hat.
Als Matrose Anton Bierhals endlich an der Reihe ist, versucht er verzweifelt, die durch ihn produzierte Geräuschkulisse zu übertönen, indem er lautstark zu singen beginnt:

„Es geht alles vorüber – es geht alles vorbei..."

Barsche Stimme aus der Reihe der Wartenden:

„Dann setz' Dich ordentlich hin – Du Schwachkopf!"

***

Stark wird ein Volk auf dem Lande,
groß wird ein Volk nur zur See...

Eine Gruppe von Heeresoffizieren befindet sich zusammen mit einigen Marineoffizieren auf einer Bahnfahrt nach Hamburg, wo sie gemeinsam an einem Lehrgang teilnehmen wollen.
Jeder Heeresoffizier besitzt eine Fahrkarte, die Marineoffiziere haben dagegen nur eine einzige Karte.
Plötzlich ruft einer der Marineoffiziere: *„Der Schaffner kommt"*, worauf sich alle in eine der Toiletten zwängen.
Der Schaffner kontrolliert die Heeresoffiziere und als er sieht, dass die Toilette besetzt ist, klopft er an die Tür und ruft: *„Die Fahrkarte bitte!"*
Einer der Marineoffiziere schiebt die Fahrkarte unter der Tür durch und der Schaffner zieht nach der Kontrolle zufrieden weiter.

Auf der Rückfahrt beschließen die Heeresoffiziere, den selben Trick anzuwenden. Sie kaufen nur eine Fahrkarte und sind sehr erstaunt, als sie merken, dass die Marineoffiziere diesmal überhaupt keine Karte lösen.
Schon bald ruft wieder einer der Marineoffiziere: *„Der Schaffner kommt"*.
Sofort stürzen die Heeresoffiziere in das nächste WC, während sich die Marineoffiziere – etwas gemächlicher – auf den Weg zur zweiten Toilette machen.
Bevor der letzte Marineoffizier die Toilette betritt, klopft er bei den Kameraden vom Heer an und sagt: *„Die Fahrkarte bitte!"*

Und die Moral von der Geschichte?

Heeressoldaten wenden zwar hin und wieder Methoden an,
die in der Marine entwickelt wurden –
aber sie verstehen sie nicht wirklich!

... aus der Forschung:

Am Amt für Studien und Übungen ist es dem Oberfeldapotheker i.G. Friedolin Ziegenhals in enger Zusammenarbeit mit dem Sanitätszentrum in Hildesheim-Drispenstedt und den Zentren für Nachwuchsgewinnung in Oberbayern gelungen, im Rahmen der GEN-Manipulation ein Retortenbaby zu produzieren, welches als Basismodell für die Produktion des zukünftigen Staatsbürgers in Uniform – und damit Offiziernachwuchses vorgesehen ist.
Im Rahmen einer Kommandeurtagung soll es auf seine Serienreife überprüft werden.
Als der große Moment gekommen ist, gibt ein junger Generalstabsoffizier[1)] dem Baby den traditionellen Klaps auf den Po.
Das staunende Publikum hört statt des erwarteten Babygeschreis ein leises und monotones:

„a^2 plus b^2 gleich c^2".

Alle Anwesenden zeigen sich entsetzt und sind sich einig, dass dieses Baby viel zu leise, viel zu intelligent und daher als Prototyp nicht geeignet sei.

Ein Jahr später, gleiches Szenario.
Dem erwartungsvollen Publikum schreit nach dem obligatorischen Klaps[2)] ein diesmal deutlich zu hörendes, entschlossenes

„Zwei mal zwei ist vier!" entgegen.

Trotz nicht zu leugnender Fortschritte kommt man zu der einhelligen Meinung, dass dieses Baby nach wie vor zu leise und vor allem – zu intelligent – wäre.
Mit dem klaren Auftrag, die Lautstärke unter gleichzeitiger Reduzierung der Intelligenz zu erhöhen, begibt sich das Forschungsteam erneut an die Arbeit und stellt im Folgejahr seinen dritten Versuch vor.

1 Er hatte wesentlich zum bisherigen Forschungserfolg beigetragen, indem er einen Automatismus im Gehirn des Versuchsträgers implantierte, der diesen täglich und unmittelbar nach Dienstantritt zum Telefon greifen lässt, um die Entwicklung der aktuellen Personalketten bundeswehrweit im Kameradenkreis abzufragen.

2 Der Generalstabsoffizier des Vorjahres wurde inzwischen versetzt und an allen anderen vorbei befördert. Er hatte auf o.a. Wege erfahren, dass sein ehemaliger Kommandeur als Inspekteur des Heeres vorgesehen war und diesem aus dem Urlaub einen langen Brief über die schöne, gemeinsame Zeit geschrieben Die Hoffnung auf eine frühzeitige, förderliche Verwendung im Ministerium hatte er selbstverständlich nur beiläufig erwähnt!

Atemlose Stille, ein lauter Klaps zerreißt die Stille und ein schrilles Brüllen erfüllt den Saal:

„Bataillon, stillgestanden!"

(Auf Befehl des Verteidigungsministeriums wurde das Projekt – nicht zuletzt aufgrund überraschend und unerwartet aufgetretener Haushaltslücken – mit sofortiger Wirkung abgebrochen!)

***

...aus dem Schulbetrieb:

„Diese Vorlesung ist bestimmt durch zwei wichtige Aufträge:

Ich habe den Auftrag, Ihnen etwas über die Entwicklung zukünftiger Personalstrukturen zu erzählen.
Sie haben die besonders schwierige Aufgabe, mir bis zum Ende Ihrer psychischen und physischen Kräfte aufmerksam zuzuhören.

Ich hoffe, dass Sie Ihren Auftrag nicht vor mir erfüllt haben werden…!"

***

„Wenn Sie zu blöde sind, das zu behalten,
dann schreiben Sie es sich besser auf!
Das mache ich auch immer."

***

„Diese Thematik können selbst einfach strukturierte Menschen verstehen!
Deshalb steht ich jetzt vor Ihnen!"

...aus der Wehrpsychologie:

„Herr Oberstabsarzt, können Sie mir sagen, was ich gegen meine Angst vor Vorgesetzten tun kann?"

„Nein, aber es ist gut, dass wir einmal darüber gesprochen haben!"

... aus dem Sanitätsbereich:

Es gibt Soldaten, die sind gesund und es gibt Soldaten, die sind krank.

Die kranken Soldaten können fuß- oder neukrank, alt- oder zahnkrank sein.
Fußkranke können innendienst- oder revierkrank[1] sein.
Altkranke waren zuerst neukrank - Neukranke sind später altkrank.
Ob alle Neukranken altkrank werden,
richtet sich nach dem Dienst am Tage der Krankheit.
Werden die Neukranken nur innendienstkrank, dann sind sie eigentlich gesund;
(…meint jedenfalls der Spieß!)
Da es keine Putzkranken gibt, machen die Innendienstkranken die Putzarbeit
für die Neukranken, Revierkranken und Nichtkranken.
Nichtkranke machen Dienst, bis sie neukrank sind.
Hätten wir keinen Dienst, hätte das Revier keine Neukranken
und die Kompanie keine Innendienstkranken.
In diesem Fall müßten die Nichtkranken die Arbeit der Innendienstkranken
übernehmen.
Dies wiederum wäre ein Grund, neukrank zu werden,
oder altkrank zu bleiben…

…schön, dass wir darüber gesprochen haben…

1 Bettlägerig im Sanitätsbereich zur psychischen und physischen Entlastung der Mütter, Ehefrauen, Freundinnen, Haustiere – und als Alternative zu KzH (Krank zu Hause)

...aus einer Übungszeitung:

Die **USA** haben:

☛ Bill Clinton
☛ Johnny Cash
☛ Stevie Wonder
☛ Bob Hope

Die **Bundeswehr** hat:

☛ 3000 Stabsoffiziere im Überhang
☛ No cash
☛ No wonder
☛ No hope

... aus dem Verwaltungssektor:

Seit Jahren werden Dienststellen der Bundeswehr immer wieder von sogenannten STAN*-Kommissionen heimgesucht, die in langwierigen Überprüfungen feststellen, ob alle Dienstposten erforderlich bzw. in ihrer Dotierung angemessen sind. Verständlicherweise wurde vieles getan, um die Prüfer bei Laune zu halten.
Ein Dienststellenleiter hatte den genialen Einfall, ein Kulturprogramm anzubieten und schickte die gesamte Kommission in das Städtische Opernhaus, um dort „Schuberts Unvollendete" zu erleben.
Am nächsten Morgen durch den Dienststellenleiter nach seinen Eindrücken befragt, antwortete der Leiter der Kommission, Regierungsrat Bodo Wucherpfennig, wie folgt:

1. *Für einen beträchtlichen Zeitraum hatten die vier Oboe-Spieler nichts zu tun. Ihr Part sollte deshalb reduziert, ihre Arbeit auf das ganze Orchester verteilt werden. Dadurch würden auf jeden Fall gewisse Arbeitszusammenballungen eliminiert werden.*

2. *Alle zwölf Geiger spielten die gleichen Noten. Das ist unnötige Doppelarbeit. Die Mitgliederzahl dieser Gruppe sollte drastisch gekürzt werden. Falls wirklich ein großes Klangvolumen erforderlich ist, kann dies durch elektronische Verstärker erzielt werden.*

3. *Erhebliche Arbeitskraft kostete auch das Spielen von Zweiunddreißigstel- Noten. Das ist eine unnötige Verfeinerung. Es wird deshalb empfohlen, alle Noten auf- beziehungsweise abzurunden. Würde man diesem Vorschlag folgen, wäre es möglich, Volontäre und andere Hilfskräfte einzusetzen.*

4. *Unnütz ist es, daß die Hörner genau jene Passagen wiederholen, die bereits von den Saiteninstrumenten gespielt wurden.*

5. *Würden alle überflüssigen Passagen gestrichen, könnte das Konzert von 25 Minuten auf 4 Minuten verkürzt werden.*

Hätte Schubert sich an diese Kenntnisse gehalten, wäre er wahrscheinlich im Stande gewesen, seine Symphonie zu vollenden.

* Stärke- und Ausrüstungsnachweis

Kapitel 11

Goldkörner aus den Führungsvorschriften...

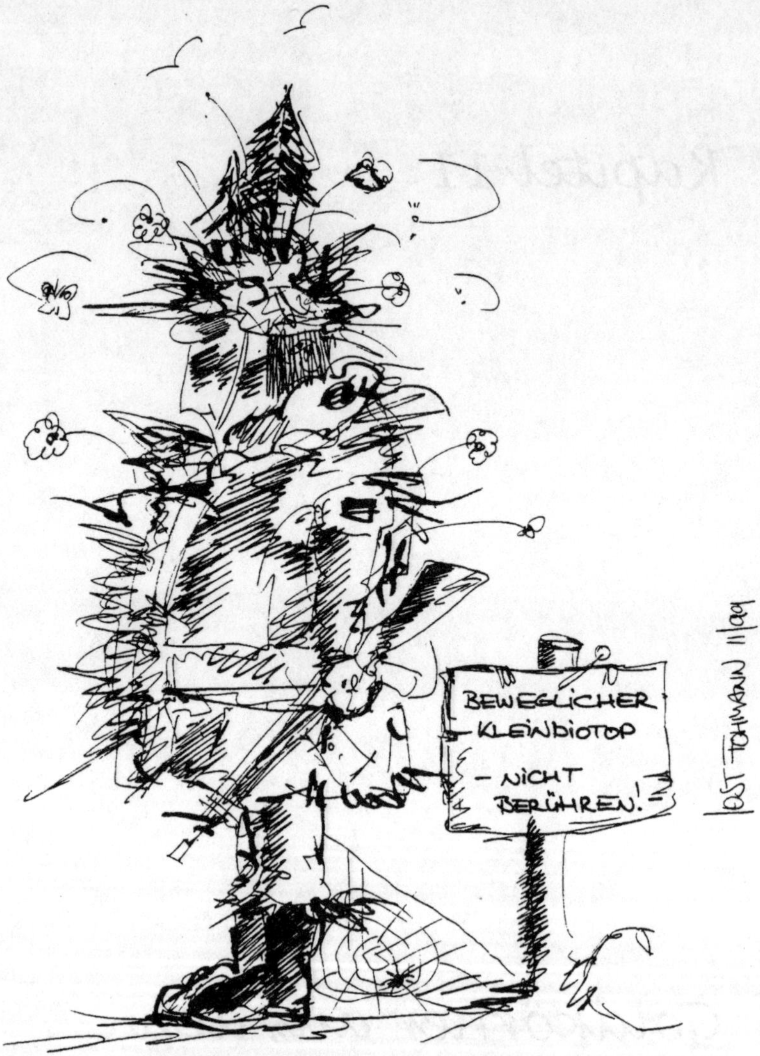

„Täuschen wirkt in erster Linie durch Einfallsreichtum, Phantasie und unkonventionelle Lösungen von Führern und Truppe…"

(HDv 100/100 Kapitel 14 Ziffer 1408)

„Kameradschaft ist das Band, das die Truppe in allen Lagen fest zusammenhält ... wenn immer möglich, ist Zeit und Gelegenheit zu geben, den Zusammenhalt innerhalb einer neugebildeten oder veränderten Gemeinschaft herzustellen und zu stärken..."

(HDv 100/100 Kapitel 3 Ziffer 318)

„Fürsorge hat zum Ziel, Vertrauen aufzubauen und den Soldaten die Vorbereitung auf den Einsatz und die Auftragserfüllung im Einsatz zu erleichtern...“

(HDv 100/100 Kapitel 3 Ziffer 312)

„Auch der Beste und Tüchtigste wird an die Grenzen seiner Leistungsfähigkeit stoßen..."

(HDv 100/100 Kapitel 3 Ziffer 317)

„Der Deutsche Soldat ist Repräsentant seines Landes. Dieser Verpflichtung trägt er durch Professionalität und Toleranz Rechnung."

(HDv 100/100 Kapitel 3 Ziffer 319)

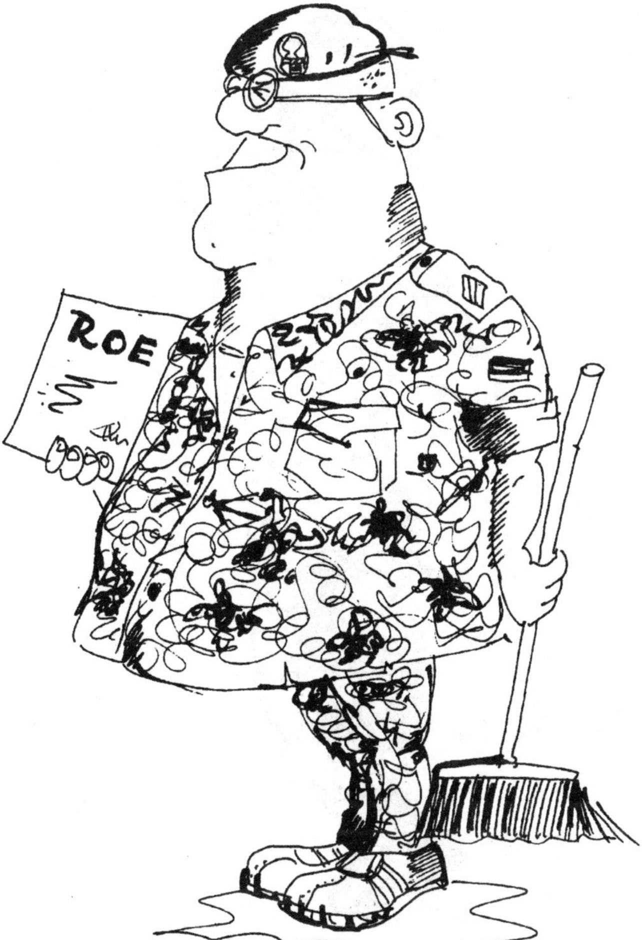

„Der Soldat muss Aufträge oft unter enger politischer Anbindung durchführen..."

(HDv 100/100 Kapitel 3 Ziffer 320)

*) ROE= Rules of Engagement / Verhaltensregeln für den Einsatz

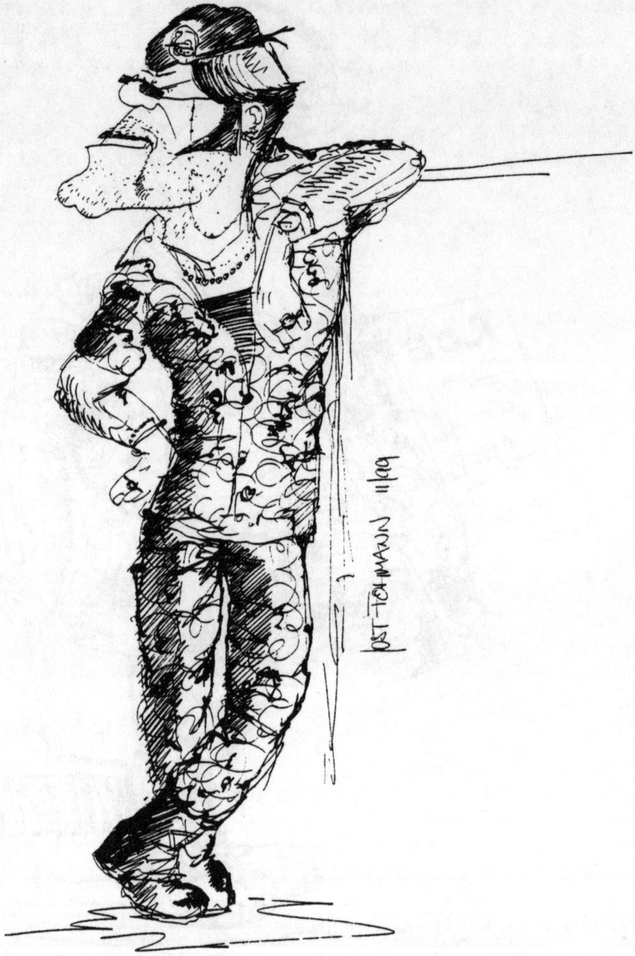

„Haltung und Auftreten müssen durch Disziplin und Selbstbewußtsein, aber auch durch Bescheidenheit geprägt sein…"

(HDv 100/100 Kapitel 3 Ziffer 322)

„Führer und Truppe müssen den Einsatz auch dann fortsetzen können, wenn technische Führungsmittel versagen oder ausfallen…"

(HDv 100/100 Kapitel 3 Ziffer 324)

„Vertrauen erwirbt, wer mit Herz und Verstand führt ... Soldaten wollen ihren militärischen Führer sehen, hören und erleben..."

(HDv 100/100 Kapitel 3 Ziffer 306 und 326)

„Der militärische Führer lässt sich vor Entscheidungen von seinen Führergehilfen beraten..."

(HDv 100/100 Kapitel 3 Ziffer 327)

„In Friedensmissionen ist die Einsatzunterstützung häufig der Kernauftrag…"

(HDv 100/400)

Kapitel 12

Fragen an Radio BUNDFUNK …

Fragen an Radio BUNDFUNK

„Ist es richtig, dass ein Divisionskommandeur in einer Leitungsbesprechung nach Abschluss einer missratenen Stabsübung anlässlich der Einführung des neuen Gefechtsstandkonzeptes der Masse der Beteiligten die Todesstrafe androhte?"

„Im Prinzip – ja!
Allerdings geben wir zu bedenken, dass sich dieser Kommandeur nach Hinzuziehung seines Rechtsberaters zu einer geringfügigen, aber zeitgemäßen Reduzierung des Strafmaßes entschied:
Die Übungsteilnehmer wurden am folgenden Freitag nicht um 12 Uhr, sondern erst um 13 Uhr in das Wochenende entlassen!"

„Ist es richtig, dass viele Offiziere noch an den Weihnachtsmann glauben?"

„Im Prinzip – ja!
Allerdings ist zu bedenken, dass die Anzahl zunehmend zurückgeht und sich dies darüber hinaus ohnehin nie auf den privaten Bereich bezogen hat."

„Ist es richtig, dass zwischen formalem und funktionellem Gehorsam im Ergebnis kein großer Unterschied besteht?"

„Im Prinzip – ja!
Wir geben jedoch zu bedenken, dass der formale Gehorsam mit den Worten „Jawoll, Herr Leutnant!",
der funktionelle Gehorsam mit „Schau'n wir mal, Herr Meier!" eingeleitet wird! "

„Ist es richtig, dass ein Referent im Ministerium seinen Referatsleiter mit Traumtänzer bezeichnet hat und dafür mit einer Geldbuße von 10.000,– DM bestraft wurde?"

„Im Prinzip – ja!
Der Grund für die Bestrafung war die Beleidigung eines Vorgesetzten. Allerdings ist zu bedenken, dass diese auf 2 Jahre zur Bewährung ausgesetzt wurde, um sicherzustellen, dass dieses Geheimnis bis zur Wegversetzung des derartig beleidigten Referatsleiters – in eine erneut förderliche Verwendung- gewahrt bleibt!"

„Ist es richtig, dass die Soldaten der ehemaligen NVA an den Wochenenden volle Gefechtsbereitschaft aufrechterhalten mussten, während die Soldaten der Bundeswehr zu 95 % im Wochenendurlaub waren?"

„Im Prinzip – ja!
Allerdings ist zu bedenken, dass die restlichen 5 % der Bundeswehrsoldaten, die im wesentlichen die Diensttelefone besetzten, in besonders aggressiver Stimmung waren!"

„Sehen Sie die überwiegende Meinung der Truppe bestätigt, dass man den Herren vom Ministerium immer zunächst in den Allerwertesten treten muss, um etwas zu erreichen?"

„Im Prinzip – ja!
Allerdings ist zu bedenken, dass der Schmerz wie bei den Elefanten in den meisten Fällen erst nach 2 Jahren im Gehirn ankommt."

„Ist es richtig, dass man im Ministerium die vormittagliche NATO-Pause auf 20 Minuten gekürzt hat, um den zunehmenden Kaffeekonsum zu reduzieren?"

„Im Prinzip – ja!
Allerdings lag die Begründung nicht im Kaffeekonsum, sondern in der bewiesenen Notwendigkeit, eine große Zahl von Referenten nach 30 Minuten Pause wieder neu anlernen zu müssen!"

„Ist es richtig, dass man die Generale ausschließlich aus Obersten auswählen muss?"

„Im Prinzip – ja!
Darüber hinaus ist zu bedenken, dass dies erfahrungsgemäß die einzige Möglichkeit ist, den cw-Wert[1)] traditionell niedrig zu halten!"

„Ist es richtig, dass ein britisches Kreuzfahrtschiff vor wenigen Wochen im Atlantik durch ein deutsches U-Boot gestoppt wurde?"

„Im Prinzip – ja!
Allerdings ist zu bedenken, dass die Frage nach der Herkunft des Bootes bis heute ungeklärt blieb. Es geht das Gerücht, dass der Kommandant nach negativer Beantwortung seiner Frage „ob wir den Krieg gewonnen hätten?" mit den Worten:
„Scheiß Kaiser!" grußlos wieder abgetaucht sei.

„Ist es richtig, dass man, um bei der Marine Karriere zu machen, mit seinem Schiff zumindest einmal Feindberührung gehabt haben muss?"

„Im Prinzip – ja!
Allerdings scheint uns der Vergleich zwischen dem Rammen einer Kaimauer und einem Einsatz in einem Seegefecht etwas überzogen!"

„Ist es richtig, dass der Weg nach Oben angesichts der Stellenknappheit in den Streitkräften ausschließlich über besondere Beziehungen bzw. persönliche Bekanntschaften möglich ist?"

„Im Prinzip – ja!
Allerdings empfinden das nur die 98 % als negativ, denen es nicht vergönnt war, den Hund ihres Vorgesetzten in dessen Urlaub in Pflege nehmen zu können!

1 Begriff aus der Automobilindustrie, der den Grad der „Windschlüpfrigkeit" beschreibt!

„Ist es richtig, dass man bei der Eignungsprüfung für die Fallschirmjägertruppe insbesondere auf große Nasenlöcher achtet?"

„Im Prinzip – ja!
Allerdings haben sich die Vermutungen, dass es sich hierbei um eine Überprüfung des Einlass- bzw. Auslassventils für die Hohlraumversiegelung handelt, nicht bestätigt".

(Zu diesem Thema erreichte uns telefonisch ein ungewohnt langer Kommentar aus der Fallschirmjägertruppe, der deshalb ungekürzt, aber leicht zensiert weitergegeben wird:

„A....löcher!"

Wir gestehen ein, dass uns offensichtlich eine Fehlinformation vorlag, danken für die umfassende Richtigstellung, geben aber ausdrücklich zu bedenken, dass bei Zugrundlegung normaler biologischer Verhältnisse in diesem Fall Ein- und Auslassventil identisch sein müssten...)

„Ist es richtig, dass im Ministerium eingesetzte Offiziere überwiegend für den Papierkorb arbeiten?"

„Im Prinzip – ja!
Allerdings ist zu bedenken, dass der Umweltminister angesichts der unbeschreiblichen Papiermengen in Kürze einen Gesetzesentwurf vorlegen wird, nach dem zukünftig die Hälfte der Ministerialzulage zur Erhaltung des tropischen Regenwaldes einzusetzen ist!"

„Ist es richtig, dass das Heer Ende der 90-er Jahre nun endlich die Ärmel hochgekrempelt hat?"

„Im Prinzip – ja!
Allerdings geben wir zu bedenken, dass es schwer werden wird, die Auswahl zukünftiger Inspekteure an dieser Marotte zu orientieren!"

„Ist es richtig, dass viele karriereorientierte Heeresoffiziere, dem Beispiel ihres Inspekteurs folgend, zu jeder Tages- und Nachtzeit und bei jeder Witterung die Ärmel ihres Feldanzuges hochkrempeln?"

„Im Prinzip – ja!
Nicht auszudenken, was passieren würde, wenn er eines Tages vergessen würde, seine Hosen zu schließen!"

„Ist es richtig, dass die militärischen Führer heutzutage durch ein hohes Maß an Verwaltungsarbeit und Bürokratismus kaum noch ihrer eigentlichen Führungsaufgabe gerecht werden können?

„Im Prinzip – ja!
Allerdings geben wir zu bedenken, dass ein Zitronenfalter auch äußerst selten Zitronen faltet!"

„Ist es richtig, dass das Ministerium durch die ständige Beantwortung von Fragen kaum noch seiner eigentlichen Aufgabe nachkommen kann?

„Im Prinzip – ja!
Allerdings gilt es zu bedenken, dass das Ministerium zu 80% Fragen beantwortet, die niemand gestellt hat!

„Ist es richtig, dass der Einsatz von Frauen in der Bundeswehr zu intellektuellen Qualitätsverlusten geführt hat?"

„Im Prinzip – ja!
Allerdings geben wir zu bedenken, dass dieser Qualitätsverlust durch die hohe Qualität der männlichen Gehirne kompensiert wird, die bis ins hohe Alter wenig gebraucht nahezu neuwertig bleiben!"

„Die Amerikaner testen seit Jahren erfolgreich die Windschutzscheiben ihrer Flugzeuge mit einem Katapult, welches ein totes Huhn mit einer Geschwindigkeit, die in etwa der eines fliegenden Flugzeugs entspricht, gegen die zu prüfende Windschutzscheibe schießt.
Ist es richtig, dass das Bundeswehrbeschaffungsamt diese bewährte Versuchsreihe in Zusammenarbeit mit der deutschen Luftwaffe bereits mehrfach erfolglos kopierte und dabei erhebliche Sachschäden verursachte?

„Im Prinzip – ja!
Allerdings wurde kürzlich im Rahmen einer aufwendigen Untersuchung durch Experten festgestellt, dass die Amerikaner aufgetaute Hühnchen nutzen!"

„Ist es richtig, dass die Luftwaffe im Golfkrieg den „Fieseler Storch" eingesetzt hat und dieser in einigen Fällen durch Vogelschwärme angegriffen und zum Absturz gebracht wurde?"

„Im Prinzip – ja!
Allerdings handelte es sich nicht um den „Fieseler Storch", sondern um „Alpha-Jets". Diese wurden auch nicht durch Vogelschwärme angegriffen, sondern die Abstürze ereigneten sich, weil Vogelschwärme von hinten in die Triebwerke flogen!"

„Im Rahmen der Einführung einer finanziellen Leistungsprämie für besonders herausragende Leistungen sind vereinzelt Beschwerden darüber aufgetreten, dass durch die wachsende Steuerprogression ein großer Teil des Geldes wieder verloren geht. Ist das so richtig?"

„Im Prinzip – ja!
Allerdings geben wir zu bedenken, dass es dem verantwortlichen Disziplinarvorgesetzten freisteht, die Gefahr eines sozialen Abstieges des Betroffenen im Einzelfalle durch eine bedarfsgerechte Disziplinarbuße aufzufangen."

„Ist es richtig, dass in der Personalführung wesentlich nach Grundsätzen der Mathematik verfahren wird?"

„Im Prinzip – ja!
Allerdings kommt es immer wieder vor, dass die Nullen an der falschen Stelle stehen!"

„Ist es richtig, dass viele Vorgesetzte auch weniger begabte- aber um so bequemere- Untergebene durch „Seilschaften" auf dem Weg nach oben mitziehen und damit in ungebührlicher Weise fördern?"

„Im Prinzip ja!
Allerdings ist zu bedenken, dass deren realistisches Leistungsbild in vielen Fällen nur eine Verwendung als Fesselballon zuließ!"

„Ist es richtig, dass die Bundeswehr sowohl bezüglich der Motivationslage als auch finanziell seit einigen Jahren vor dem Abgrund steht?"

„Im Prinzip – ja!
Allerdings ist zu bedenken, dass wir inzwischen durch zielgerichtete Maßnahmen des Ministeriums und eindeutige Willensbekundungen der Politik einen deutlichen und entscheidenden Schritt nach vorne getan haben!"

„Ist es richtig, dass die Abteilung Personal im Rahmen der Neustrukturierung in einem Hochhaus untergebracht werden soll?"

„Im Prinzip – ja!
Allerdings wurde die Entscheidung revidiert, da sich herausstellte, dass 80% aller Referenten nicht schwindelfrei waren!"

„Ist es richtig, dass das Heer seit Bestehen der Bundeswehr „G3[1] -lastig" ist?"

„Im Prinzip – ja!
Allerdings ist zu bedenken, dass dieser Umstand "Kopflastigkeit" leider nicht zwingend voraussetzt!"

„Kann man die deutsche Industrie auch nach dem Muster des Bundesverteidigungsministeriums organisieren?"

„Im Prinzip – ja!
Aber es wäre schade um die Industrie!"

„Ist es richtig, dass der PK-Wert (Persönlichkeitswert) in den Streitkräften zunehmend an Bedeutung verliert und sogar vor Jahren aus den Beurteilungsmerkmalen herausgenommen wurde?"

„Im Prinzip – ja !
Allerdings ist zu bedenken, dass er im Laufe der Jahre durch den cw-Wert [2] ersetzt wurde."

„Ist es richtig, dass viele ranghohe Offiziere nach ihrer Pensionierung in der Automobilindustrie ein neues Tätigkeitsfeld suchen?"

„Im Prinzip – ja !
Allerdings bleibt festzustellen, dass diese Möglichkeit derzeit nicht mehr besteht, da der cw-Wert aufgrund erfahrener und fachkundiger Beratung der Vorjahre inzwischen nicht mehr weiter reduzierbar ist!"

1 Kürzel für „Große, bunte Pfeile malen und gut drauf aufpassen"
2 Begriff aus der Automobilindustrie, der den Grad der „Windschlüpfrigkeit" beschreibt! (Grundsatz: Je kleiner der cw-Wert, desto geringer die Reibung)

„Ist es richtig, dass unsere Politiker sich in allen militärischen Fragen umfassend durch hohe militärische Vertreter beraten lassen?"

„Im Prinzip – ja!
Allerdings weisen wir ausdrücklich darauf hin, dass der durch den Bundesverteidigungsminister Ende '98 angeordnete Kauf von 100 „Nick-Dackeln"[1]*, die als Bestpreise in den Führungsetagen des Verteidigungsministeriums verteilt werden sollen, nichts mit dieser Fragestellung zu tun hat!"*

„Geht es mit rechten Dingen zu, wenn uns seit einem halben Jahr die übliche Papierflut des Ministeriums aus Weisungen, Befehlen und sonstigen Ergebnissen emsiger Stabsarbeit nicht mehr erreicht?"

„Im Prinzip – ja!
Allerdings geben wir zu bedenken, dass sich in den nächsten Wochen die Zustände wieder normalisieren werden, da die seit einem halben Jahr im Ministerium aufgestellten „Reißwölfe" inzwischen nur noch durch wenige Stabsoffiziere als Faxgerät genutzt werden!"

„Ist es richtig, dass im Ministerium zunehmend der englische Begriff „Staffing" benutzt wird, wenn der Prozess der Stabsarbeit beschrieben werden soll?"

„Im Prinzip – ja!
Allerdings geben wir zu bedenken, dass dieser Begriff aufgrund seiner ähnlichen Sprechweise leider derzeit noch überwiegend irrtümlich von „to starve" abgeleitet wird, was mit „verkümmern" bzw. „verhungern lassen" zu übersetzen ist!"

1 Im Rückgrat und Halswirbelbereich federnd gelagerter, extrem gelenkiger Plastik-Dackel, welcher in den 90-er Jahren die selbstgehäkelte Toilettenpapierrolle aus der Hutablage der Mittelklasse-Limousine verdrängte.

„Ist es richtig, dass viele in verantwortungsvollen Positionen stehende Offiziere unter seniler Bettflucht leiden?"

„Im Prinzip – ja!
Allerdings ist zu bedenken, dass dieselben weniger darunter leiden als ihre Mitarbeiter."

„Grundsatz ist doch, dass Beurteilungen für Soldaten eine gewisse Kontinuität in der Aussage haben sollen.
Ist es richtig, dass sich ein Offizier über die Bemerkung, er solle sich seinen offensichtlichen Erfolg in der Damenwelt des Standortes nicht zu Kopfe steigen lassen, beschwert hat?"

„Im Prinzip – ja!
Allerdings geben wir zu bedenken, dass dieser Offizier seine letzte Beurteilung vor der Pensionierung bekam und sich nicht beschwert, sondern bedankt hat!"

„Ist es richtig, dass die Offiziere – insbesondere Generalstabsoffiziere – in zeitweilig unzumutbarer Häufigkeit umziehen müssen?"

„Im Prinzip – ja!
Wir geben aber zu bedenken, dass als Ergebnis von KLV[1] und Controlling Überlegungen angestellt werden, diesen Personenkreis im Rahmen der Kostenreduzierung auf der Besuchertribüne des Truppenübungsplatzes Bergen-Hohne aufzubocken und den Rest der Truppe[2] an ihnen vorbeiziehen zu lassen!"

1 System der Bundeswehr zum Kosten - Nutzen - Vergleich
(Landserjargon: **K**nicken - **L**ochen - **V**ergessen)

2 Nach Reduzierung und erfolgreicher Eingliederung in das **THW**

Kapitel 13

Jetzt wird's bissig...

Kleiner Ratgeber

für militärische Führungskräfte

und die, die es werden wollen

oder sollen!

Waren über Jahrzehnte hinweg Anforderungen und erwartete Qualitäten von Führungskräften nur eingeschränkt bzw. unklar definiert, wurde im Rahmen der **„Reformen von Grund auf"** in diesem Jahr erstmals eine Kommission im Ministerium gebildet, die eindeutige **Schwerpunkte** und **Forderungen an die Führungskraft der Gegenwart und Zukunft** erarbeiten sollte.
Vorliegender Entwurf eines *„Kleinen Ratgebers"* befindet sich bereits im Mitzeichnungsgang.
Im Mittelpunkt der Kritik steht derzeit noch der Sprachstil, der von „einfach strukturiert und zu deftig" über„sarkastisch aber besonders plakativ" bis zu „ehrlich und für jeden verständlich" bewertet wird.
Die positiven Stellungnahmen häufen sich, nachdem der intellektuell etwas bodenständige Verfasser gezielt das Gerücht gestreut hatte, ein nicht näher bezeichneter General M. sei zusammen mit seiner Ehefrau wesentlich für die sprachliche Gestaltung verantwortlich gewesen.
Nach abschließendem Lektorat durch das „Goethe-Institut" oder ausgewählte Dienststellenleiter mit entsprechendem Ausbildungsstand bzw. auf diesem Gebiet ausgeprägten Ambitionen[1], soll die endgültige Fassung nach dem Motto: **„Aus der Praxis, für die Praxis!"** als Bestandteil der „Schriftenreihe INNERE FÜHRUNG" herausgegeben werden:

1. Persönlichkeitsbild

Das **Erscheinungsbild** und Verhalten auf dem sicheren Weg zur Führungskraft soll geprägt sein durch die eindeutige und verifizierbare Feststellung, dass der Betroffene trotz aller Uniformität seines Berufsstandes **Individualist** geblieben ist.

a. Verzichten Sie grundsätzlich auf den – auch kameradschaftlichen – **Gruß** gegenüber Dienstgradhöheren, wenn Sie vermeiden wollen, im Kameradenkreis als„Schleimer" oder „Anbiederer" dazustehen.
Ein rechtzeitiges, entschlossenes Absenken des Blickes auf den Boden genügt!
Darüber hinaus wird durch diese Reaktion die Unfallgefahr und eine eventuell damit verbundene Wehrdienstbeschädigung entscheidend gemindert, da der Betroffene unerwartete Hindernisse frühzeitig erkennt und damit eine gute Chance hat, beide Hände zur Reduzierung

1 Der Auswahlprozess hat ergeben, dass 80% aller Dienststellenleiter die Voraussetzungen für diese Aufgabe erfüllen. Die endgültige Entscheidung steht demnach noch aus.

der Aufprallgeschwindigkeit rechtzeitig aus den Hosentaschen zu ziehen.

b. Machen Sie deutlich, dass die **Anzugsordnung** der Bw nur von „Ewig-Gestrigen" geschaffen sein kann!
So kann zum Beispiel die durch die Vorschrift angeordnete Möglichkeit der **Anzugserleichterung** beim Tragen der Uniformjacke[1] als grober Verstoß gegen allgemeingültige Verhaltensweisen bewertet werden.

Deshalb keine halben Lösungen:
Jacke auf, Krawatte lockern, Bierdose in die Wurfhand!
(Ihre Umgebung wird Ihre besondere Affinität zu Disziplin und Soldatischer Ordnung dankbar aufnehmen).

c. Insbesondere durch die **Trageweise des Blousons** sollten Sie deutlich machen, welcher„Klasse" Sie angehören:
Die **offene, saloppe Trageweise** hinterlässt einen ausgesprochen starken Eindruck, wobei „Fighter-Pilots" (oder die es gerne werden wollten!) nicht darauf verzichten sollten, **den Kragen lässig hochgeschlagen** zu tragen, um damit ihre konservierte Jungenhaftigkeit (vgl. James Dean) und beispielhafte Verwegenheit zu demonstrieren.

d. Sollten Sie diese Trageweise als Ausdruck Ihrer gefestigten Persönlichkeit wählen, sind jedoch **weiße oder bunte Socken** unverzichtbar!
Zukünftige Spitzenkräfte nutzen diese zusätzlich als **Werbeträger** (bunter Aufdruck), um damit das zweifellos triste und uniforme Erscheinungsbild etwas aufzulockern!

e. Zur Unterstreichung Ihres **intellektuellen Outfits** empfiehlt sich als ganz besonderer Clou das Tragen eines **Brillenbändchens** in der jeweiligen Truppengattungsfarbe.
Dieses ist bestens geeignet, Ihre altersgemäß **nachlassende Fähigkeit im motorischen Bereich** in entscheidender Weise auszugleichen und festigt zusätzlich Ihren Ruf als sparsamer Staatsbürger, da die starke Belastung des Verteidigungshaushaltes durch mehrfach notwendigen Ankauf heruntergefallener und zerstörter Brillen vermieden wird.
(sollte diese„Brillenbändchen" an der Kleiderkasse wider Erwarten in absehbarer Zeit nicht eingeführt bzw. ein Engpassartikel werden, empfiehlt sich die Bestellung beim **Hausfrauenverband TEXAS**, der mit die-

1 Im Sitzen kann der untere Knopf geöffnet werden.

sem einfachen und kleidsamen Hilfsmittel überwiegend bei der typisch amerikanischen, 50 bis 60jährigen Hausfrau großes Echo fand).

f. **Verzichten Sie grundsätzlich auf den Schuhputz!**
Übertriebene Schuhpflege mit bundeswehreigener Schuhcreme belastet unnötig den Verteidigungshaushalt und festigt darüber hinaus Ihren Ruf, **unerträglich penibel** zu sein.
(Es empfiehlt sich die Beschaffung eines modernen, pflegeleichten und zeitnah gestalteten Schuhwerks, welches gleichermaßen zum Dienst als auch im „Cafe Keese" zum Einsatz gebracht werden kann.
Ein Tipp: „Stiefelettchen" sind bei den Damen derzeit ganz besonders hoch im Kurs!)

g. **Verzichten Sie auf zusätzlichen Sport!**
Machen Sie deutlich, dass Sie sich im Rahmen der Vorbereitung auf die neuen Aufgaben der Bundeswehr auch auf den persönlichen **Wärmeschutz** und die Bildung eines **„Krisenpakets"** im Bereich der **Gürtellinie** intensiv eingestellt haben.

h. **Schämen Sie sich nicht der Uniform!**
Nutzen Sie jede Gelegenheit – z.B. auf dem Weg zur Dienststelle oder nach Hause – **diese demonstrativ unter dem unauffälligen, zivilen Regenmantel oder bunten Skianorak** zu tragen.
An den schwarzen Dienstschuhen und der grauen Hose wird man Sie zweifelsfrei erkennen!
Durch gekonnte Vermischung ziviler und militärischer Kleidungsstücke ***(UNIVIL)*** sind Sie damit der lebende Beweis für die gelungene Integration der Bundeswehr in die Gesellschaft!

i. Zeigen Sie durch Ihre **Grundhaltung beim Essen**, dass Sie gewillt sind, Ihre Kenntnisse aus der Ausbildung (Anschlagsarten mit dem Gewehr G3) in den dienstlichen Alltag zu integrieren.
- Besonders beliebt ist die Grundhaltung „liegend aufgelegt", die die beste Möglichkeit bietet, die hochgestapelte Speisenfolge vor Berührung der Tischoberfläche, gnadenlos in den Griff zu bekommen.
- Beim Tischgespräch achten Sie darauf, Ihren Argumenten durch mit Messer und Gabel unterstützte Gestik, Geltung zu verschaffen.
Nur so wird Ihre Botschaft ernstgenommen!

j. Während das Frühstück und das Mittagessen überwiegend zum **Einnehmen der Mahlzeit in Uniform zwingen**, sollten Sie insbesondere die Abendmahlzeit nutzen, um sich den staunenden Mitessern in ihrer **geballten** Individualität zu präsentieren:

- Demonstrieren Sie bei dieser Gelegenheit durch die Wahl Ihres Anzuges, dass Sie **jung und dynamisch** und vor allen Dingen modisch **„in"** – diesen für Sie entscheidenden Abschnitt an der Schwelle zur Führungskraft gestalten wollen!

- Buntbedruckte, knieumspielte **„Boxershorts"**, besonders modische, achselfreie **„Muskel-Shirts"** und bequeme, **ausgetretene Turnschuhe ohne Socken** garantieren Ihnen die notwendige Bewegungsfreiheit und machen gleichzeitig deutlich, dass die Überproduktion von **Männerschweiß** und der Anblick stacheliger, muskelbepackter **Männerwaden** – auch beim Einnehmen der Mahlzeiten – keine Schande sind.

- Ersetzen Sie diese Kombination allenfalls durch den **Trainings- oder Jogginganzug**, der die Verpflegungseinnahme **direkt nach der sportlichen Betätigung** ermöglicht und damit zu <u>jeder</u> Zeit freie Plätze im Speisesaal und in Ihrer direkten Umgebung garantiert.

2. <u>Dienst und privates Umfeld</u>

a. Machen Sie Ihrer **Familie** bzw. insbesondere Ihrer **Ehefrau** bereits frühzeitig deutlich, dass das Interesse am Beruf des Ehemannes und die **Teilnahme an gesellschaftliche und auch außerdienstlichen Veranstaltungen** im Grunde **weder erwünscht noch nötig** sind.
Nur wenn es Ihnen gelingt, Ihren **privaten Bereich** – und damit auch Ihre **Ehefrau** – komplett von dienstlichen Dingen **abzukoppeln**, werden Sie die Voraussetzungen erfüllen, die heutzutage an eine moderne Führungskraft gestellt werden.

b. Vermeiden Sie es peinlichst, persönliche Einladungen Ihrer Vorgesetzten in angemessener Form zu erwidern.

- Aktivitäten außerhalb des offiziellen/dienstlichen Bereiches erhöhen das **Misstrauen** im Kameradenkreis und führen zwangsläufig zu der gefährlichen Interpretation, dass Sie offensichtlich nicht in der Lage sind, **Dienst und Freizeit** zu trennen und Ihre Einstellung zum Beruf in inakzeptabler Weise über das normale **„Job-Denken"** hinausgeht.

  Wer will sich heute diesem Vorwurf aussetzen?!

- Sollten Sie die **Teilnahme an geselligen bzw. außerdienstlichen Veranstaltungen** trotz heftiger Gegenwehr nicht umgehen können, weigern Sie sich mit Entschiedenheit, den dafür festgelegten, finanziellen **Beitrag** zu leisten.
  Schließlich kann Sie niemand dazu zwingen, aus dem Ihnen ohnehin kärglich zugemessenen, häuslichen Taschengeld weitere Abstriche zu machen!
  Wer Sie haben will, sollte auch finanzielle Opfer nicht scheuen!

c. **Abendveranstaltungen** bieten die ungeheure Chance, Ihre im Überschuss vorhandenen, männlichen **bartwuchsfördernden Hormone** zu demonstrieren und damit auch Rückschlüsse auf andere **männliche** Fähigkeiten zuzulassen.
Das **ehemals weiße Hemd**, das anlässlich Ihrer Beförderung zum Leutnant bereits die Damenwelt in Entzücken versetzte, sollte gerade zu derartigen Veranstaltungen demonstrativ getragen werden.
Nur so können Sie den Beweis antreten, dass sich Ihr einst **jugendlicher Halsumfang allenfalls um ein bis zwei Knopfreihen verändert** hat, so dass nach wie vor die Krawatte genügt, den Blick auf Ihr hoch angesetztes Brusthaar notdürftig zu verbergen.
Seien Sie stolz darauf!

3. Vorbereitende Ausbildung
Auch im **Kasino** oder Standortoffizierheim darf die zukünftige Führungskraft nicht darauf verzichten, sich der besonderen Herausforderung zu stellen: Dies ist der Ort, an dem Führungskräfte Charakter und innere Einstellung festigen und sich insbesondere auch auf Verpflichtungen außerhalb des dienstlichen Bereiches vorbereiten können.

a. Auch hier gelten ausgetretene und ehemals weiße Turnschuhe als besonderes Markenzeichen.
   - Gehen Sie davon aus, dass alle Besucher des Offizierheimes den Abend ausschließlich mit Ihnen zusammen verbringen wollen, um allein Ihren Worten, Weisheiten und zweifelhaften Witzen zu lauschen. Deshalb bemühen Sie sich, auch ohne Mikrofon in allen Räumen gleichzeitig klar und deutlich aufgenommen zu werden!
   - Mit einigermaßen gutem Willen und entsprechender, mentaler Vorbereitung wird es Ihnen sicherlich gelingen, das **„Grölen"** und **„Kartenschlagen"** am Nachbartisch zu übertönen und somit das Offizier-

heim in seinem Zweck als **Ort der Entspannung und kameradschaftlichen Begegnung** zu bestätigen.

b. Soldaten melden sich zum Dienst als Ordonnanz **freiwillig**, ohne bei dieser Entscheidung den Grad der **Unverschämtheiten**, mit denen sie im Verlauf ihrer Tätigkeit konfrontiert werden, zu erkennen.
Sorgen Sie dafür, dass diese Soldaten sich frühzeitig ihrer **Fehlentscheidung** bewusst werden!

- Ihr Auftrag als zukünftige Führungskraft muss es sein, den Ihnen unterstellten bzw. anvertrauten Soldaten **frühzeitig** die **unterschiedlichen Qualitäten von Entscheidungen** klarzumachen.
  Nur durch Fehler kann man lernen!
  Zusätzlich bietet sich Ihnen die einmalige Gelegenheit, die **Qualität Ihrer eigenen Erziehung** – oder das, was davon haften geblieben ist – öffentlich und lautstark zur Schau zu stellen.

- Da Sie es mit Freiwilligen zu tun haben, disqualifizieren Sie sich keinesfalls, wenn Sie diese nach **Gutsherrenart** behandeln und dabei deutlich machen, dass **Sie allein** zu den wenigen auserwählten und bevorzugten Individuen zählen.
  Zeigen Sie **Phantasie** sowohl in der Wahl Ihrer Worte als auch in Ihren **Handlungsweisen** – Ihre Umgebung dankt es Ihnen!

(**Anmerkung:** Besonders Eifrige nutzen diese Übergangsphase zur Führungskraft, um sich auf den **zukünftigen Umgang mit ihren Untergebenen** vorzubereiten).

c. Unter dem Motto *„Kleider machen Leute"* sollten Sie mit Entschiedenheit demonstrieren, dass es **allein die Uniform** ist, die Ihre herausragende Position bestimmt und Ihnen den **notwendigen Rückhalt** verleiht.
Legen Sie besonderen Wert darauf, dass Sie in Zivil niemand wiedererkennt!

- Aus langjähriger Erfahrung außerordentlich erfolgreicher Führungskräfte kann geschlossen werden, dass ein mehr oder weniger **kariertes Hemd** und eine zu kurze **Konfirmationshose** durchaus genügen, dem hohen **Anspruch an Ihr Persönlichkeitsbild** gerecht zu werden. Kenner kombinieren diese Grundausstattung in gekonnter Form mit dem **dienstlich** gelieferten Langbinder, den **freibeschafften schwarzen Socken,** Dienstschuhen bzw. den ebenfalls dienstlich gelieferten Turnschuhen.

Mit dieser Ausstattung versehen, ergeben sich unzählige Varianten, die in Ihrem Umfeld immer wieder **Erstaunen und Begeisterung** hervorrufen werden.

4. <u>Laufbahnplanung</u>
Bereits frühzeitig muss Ihnen klar werden, dass beim Erklimmen der Karriereleiter nur der Einzelkämpfer Aussicht auf Erfolg hat:

Gepaart mit einer vernünftig dosierten Portion **Arroganz** sollten Sie Ihrer Umgebung konsequent verdeutlichen, wer im „Hause das Sagen hat" und Kameraden und Untergebenen die sicherlich **gerne akzeptierte Rolle „der nützlichen Idioten" bzw. „Underdogs"** zuweisen.
Sie stellen so sicher, dass Sie aufgrund Ihres starken Leistungsbildes und Ihrer ausgeprägten Fähigkeit zur Menschenführung als ein besonders beliebter, ausgesprochen kooperativer Vorgesetzter in die Herzen Ihrer Mitarbeiter eingehen und damit Ihr Persönlichkeitsbild mit einem eindeutig positiven Stempel versehen.
Diese Rechnung kann allerdings nur dann aufgehen, wenn es Ihnen gleichzeitig gelingt, deutlich zu machen, dass Sie sich selbstverständlich zum obersten Leistungsdrittel gehörig fühlen und sehr wohl in der Lage sind, die geballte Unfähigkeit des unterstellten Bereiches bzw. der Kameraden durch Ihre persönliche Leistungsbereitschaft und Energie aufzufangen.

5. <u>Motivation</u>
Bereiten Sie sich besonders gewissenhaft auf Ihre Motivationsaufgabe als Führungskraft vor!

a. Machen Sie durch umfassendes, ständiges **Meckern**, offen dargestelltes **Selbstmitleid** und überzeugendes **Wehklagen** deutlich, dass Sie auch in Grenzsituationen und Zeiten besonderer Belastung in der Lage sein werden, Ihren unterstellten Bereich vorbildlich zu motivieren.

b. **Lassen Sie sich nie die bösartige und provozierende Frage gefallen, was <u>Sie persönlich</u> getan haben, um erkannte Missstände zu ändern bzw. Entwicklungen positiv zu beeinflussen!**
Das müssen Sie sich als Führungskraft nicht gefallen lassen!
Schließlich haben Sie Ihre Intelligenz in **endlosen Diskussionen mit sprachlosen Untergebenen** bereits nachhaltig unter Beweis gestellt, so

dass es unverschämt wäre, von einem intelligenten Menschen noch **praktische Fehlerbeseitigung** oder gar **„Anpacken"** zu fordern!
Nur, wenn Sie deutlich machen, dass **Sie den Geist** haben, Dinge theoretisch zu durchdringen und dem **untergeordneten Bereich die Praxis** überlassen, werden Sie **vollends überzeugen!**

c. Im **persönlichen Gespräch mit Untergebenen** müssen Sie von Anfang an deutlich machen, dass Sie auch in dieser Situation als Vorgesetzter Ihrem **Lehr- und Ausbildungsauftrag** gerecht werden müssen.
Es ist ein eklatanter **Irrtum**, zu vermuten, dass ein Untergebener Ihnen in einem persönlichen Gespräch **sein Anliegen** klarmachen und dazu ein paar Minuten Ihrer wertvollen Zeit in Anspruch nehmen möchte.
Zuhören kann schließlich jeder!

- Machen Sie zunächst deutlich, dass Sie **täglich unter Termindruck stehen** und achten Sie peinlichst darauf, dass die zur Verfügung stehende Zeit durch Sie voll genutzt wird.
  (Begrüßung nicht vergessen! – anschließend „Blick auf Unendlich", „Ohren auf Durchzug". Es reicht, wenn Sei Ihre eigenen verbalen Ergüsse aufnehmen können!)

- Ein gesundes Mittel zwischen Belehrung, Ermunterung, Strenge und Lob sollte im Laufe Ihres **Monolog**s zwingend eingehalten werden!

- Je weniger **intelligent** Ihr jeweiliger **Gesprächsgegner** ist, desto intensiver sollten Sie sich um ausgesprochen **lange Sätze, ausgefeilte Formulierungen** und **intensiven Fremdwortgebrauch** bemühen. Sie werden feststellen, dass das Vertrauen in Ihre unschlagbare Intelligenz und Ihren ausgeprägten **Sinn für gegenseitigen, offenen Meinungsaustausch** sehr schnell Früchte tragen wird.

6. Humor im Dienst

Verbreiten Sie auf keinen Fall zuviel Optimismus und verzichten Sie unbedingt auf Fröhlichkeit im täglichen Dienst!
Dazu ist unsere Aufgabe zu ernst! Überzeugen Sie Ihren untergebenen Bereich durch **absolute Sachlichkeit** und verbannen Sie undiszipliniertes und **hemmungsloses Verhalten** aus Ihrem unmittelbaren Wirkungsbereich. Sollte trotzdem in Ihrer Umgebung gelegentlich **gelacht** werden, müssen Sie sich die Frage gefallen lassen, was Sie **falsch** gemacht haben!
Nimmt man Sie etwa nicht ernst?

In diesem Fall empfiehlt es sich, schwächeren und überwiegend emotional gesteuerten Individuen ähnlich dem „Nichtraucherbereich" einen **„Lachbereich"** einzurichten.
Dazu eignen sich insbesondere **Kellerräume in Stabsgebäuden**.

Kapitel 14

…und zum Schluss ein wenig Multinationalität!

Team Work

There is the story of four people named,
Everybody, Somebody, Anybody and Nobody.

There was an important job to be done and
Everybody was asked to do it.
Anybody could have done it, but Nobody did it.

Somebody got angry about that,
because it was Everybody's job.
Everybody thought Anybody could do it,
but Nobody realized that Everybody wouldn't do it.

Consequently, it wound up that Nobody told Anybody
so Everybody blamed Somebody.

„Fremdsprachenkenntnisse sind Voraussetzung für die Durchführung von Aufträgen unter integrierter Führung und bei multi- und internationaler Zusammenarbeit."

(HDv 100/100 Kapitel 3 Ziffer 323)

Impressions from MOD[1]

„Getting things done around here is like mating elephants:

- ☛ *It's done at a high level,*
- ☛ *It's done with a great deal of roaring,*
- ☛ *it takes two years to produce results!"*

1 Ministery of Defense, wherever you can find any!

How shit happens

- ***In the beginning was the Plan.***
- ***An then came the Assumptions.***
- ***And the Assumptions were without form.***
- ***And the Plan was without substance.***
- ***And darkness was upon the face of the Workers.***
- ***And the workers spoke among themselves, saying,***
  „This is a crock of shit, and it stinks."
- ***And the Workers went unto their Supervisors and said,***
  „It is a pail of dung, and we can't live with the Smell".
- ***And the Supervisors went unto their Managers, saying,***
  „It is a container of excrement, and it is very strong, such that none may abide by it".

And the Managers went unto their Directors, saying,
„It is a vessel of fertilizer, and none may abide it's strength."

- ***And the Directors spoke among themselves, saying to one another,***
  „It contains that which aids plant growth, and it is very strong."
- ***And the Directors went to the Vice Presidents, saying unto them,***
  „It promotes growth, and it is very powerful..."
- ***And the Vice Presidents went to the President, saying unto him,***
  „This new plan will actively promote the growth and vigor of the company with very powerful effects".
- ***And the President looked upon the Plan and saw that it was good.***
- ***And the Plan became Policy.***
- ***And that, my friends, is how shit happens!***

